DANTE E VIRGÍLIO:
O RESGATE NA
SELVA ESCURA

Blucher

DANTE E VIRGÍLIO: O RESGATE NA SELVA ESCURA

Um ensaio sobre a experiência emocional na Divina Comédia

Luiz Carlos Uchôa Junqueira Filho

Dante e Virgílio: o resgate na selva escura: um ensaio sobre a experiência emocional na Divina Comédia

© 2016 Luiz Carlos Uchôa Junqueira Filho

Editora Edgard Blücher Ltda.

Blucher

Rua Pedroso Alvarenga, 1245, 4º andar
04531-934 – São Paulo – SP – Brasil
Tel.: 55 11 3078-5366
contato@blucher.com.br
www.blucher.com.br

Segundo o Novo Acordo Ortográfico, conforme 5. ed. do *Vocabulário Ortográfico da Língua Portuguesa*, Academia Brasileira de Letras, março de 2009.

É proibida a reprodução total ou parcial por quaisquer meios sem autorização escrita da Editora.

Todos os direitos reservados pela Editora Edgard Blücher Ltda.

Dados Internacionais de Catalogação na Publicação (CIP)
Angélica Ilacqua CRB-8/7057

Junqueira Filho, Luiz Carlos Uchôa
 Dante e Virgílio : o resgate na selva escura : um ensaio sobre a experiência emocional na Divina Comédia / Luiz Carlos Uchôa Junqueira Filho. -- São Paulo : Blucher, 2016.
 168 p. : il.

Bibliografia
ISBN 978-85-212-1112-9

1. Divina Comédia – Aspectos psicológicos 2. Divina Comédia - Leitura e crítica 3. Literatura e psicanálise 4. Psicanálise 5. Psicologia e literatura I. Título

16-1089   CDD 150.195

Índices para catálogo sistemático:
1. Psicanálise

Para Regina

O grande achado de Dante, radical e determinante de sua obra, foi fazer do autor da Eneida *o guia do Peregrino, figura paterna, exemplar. A parceria eletiva entre Mestre e discípulo torna-se o eixo da jornada. A densidade da interação, articulada e subconsciente, é tal que qualquer abordagem adequada requer, virtualmente, uma releitura verso por verso tanto do* Inferno *quanto do* Purgatório.

(Steiner, 2005, p. 66)

Sumário

Apresentação...........11
Prefácio...........19

1. Virgílio: duplo de Dante?...........27
2. O trânsito pelo Inferno...........39
3. O trânsito pelo Purgatório...........81
4. *Neque nubent*...........121
5. O proto-húmus do Ser...........129

Referências...........141
Iconografia...........145

Apresentação

É com grande satisfação que um projeto de longa data abandona sua condição sonhante para adentrar o domínio do real. De fato, há décadas venho alimentando um plano de mapear o impulso humano que leva dois seres a se associarem vitalmente, visando não só à extração daquilo que possuem de melhor, mas também à utilização desse patrimônio na criação ou na produção de novas formas de convívio, gostos estéticos, padrões éticos, enfrentamento das adversidades e da geração, enfim, de uma solução original para problemas da vida que transcenda a sempre modesta passagem por ela de duas individualidades.

Do lado da semântica, essa condição é descrita por um leque de expressões como parceria, colaboração, consórcio, conjunção, confraria, sociedade, agregação, união, enlace, conúbio, fraternização, cópula, acasalamento, concatenação e assim por diante. Inicialmente, de forma distraída, aderi ao termo parceria, que, na época, conotava com simplicidade colaborações amigáveis espontâneas e desinteressadas. Atualmente, o termo saturou-se com uma série de outros significados, estendendo-se, inclusive, a relações institucionais programadas mirando algum tipo de lucro.

Outra dificuldade a ser esclarecida hoje, quando buscamos exemplos de parcerias originais, é não nos deixarmos aprisionar por instâncias notórias de parcerias amorosas, seja em âmbito histórico, como a estabelecida entre Lennon e Yoko Ono, seja em âmbito ficcional, como no caso de Romeu e Julieta.

Aquilo que tem me fascinado é perceber que há um grande número de "parcerias" que surgem do acaso, de necessidades vitais, de afinidades estéticas, ideológicas, religiosas ou humanitárias, e que não se apoiam geneticamente no amor romântico, mas que, claro, podem ali chegar ao longo do tempo. Duas delas se impuseram a mim como paradigmáticas por suas dimensões únicas no panteão da criação humana: os relacionamentos entre Dante e Virgílio na *Divina Comédia* e entre D. Quixote e Sancho Pança na obra de Cervantes.

Iniciei a minha tarefa "dantesca e quixotesca" com essas duas obras, deixando as anotações da primeira repousando numa gaveta, mas chegando a publicar uma versão resumida da segunda numa revista. Paralelamente, fui reunindo material para outros possíveis capítulos como, por exemplo, a relação de "inimigos íntimos" entre Matisse e Picasso; a escrita a quatro mãos dos irmãos Goncourt; a parceria involuntária das siamesas negras americanas Millie e Christine McKoy; o "desafio" musical entre Noel Rosa e Wilson Batista; a união marginal entre Lampião e Maria Bonita, e assim por diante.

Há cerca de seis anos, retomei o texto sobre Dante e Virgílio e, logo, dei-me conta de que ele adquirira uma dimensão que justificava uma publicação em separado. Entrei em contato com algumas editoras, mas não obtive respostas favoráveis; ao mesmo tempo, minha colega Heloisa Ditolvo, sabendo de meus estudos, sugeriu a formação de um grupo de leitura da *Divina Comédia*, coordenado por mim e constituído, primordialmente, por ex-alunos do Colégio Dante Alighieri. Na atualidade, essa atividade, após conseguir sobreviver ao Inferno e ao Purgatório, já está usufruindo das benesses do Paraíso.

Recentemente, sabedor de que a colega Thais Blücher estava coordenando uma coleção de textos psicanalíticos na Editora Blucher, apresentei-lhe este texto que, apesar de não ser eminentemente psicanalítico, beneficiou-se muito de minha experiência como psicanalista, além do fato histórico de a psicanálise ter nascido da intuição freudiana de colocar em contato duas mentes visando estabelecer uma parceria investigativa. Aproveito, portanto, para expressar meus agradecimentos à Editora Blucher e aos participantes do grupo de leitura,[1] à Marisa Mélega e à Aurora Bernardini, pela ajuda inestimável quanto às fontes bibliográficas, e à Olgária Matos, por sua disposição fraterna e entusiasta na elaboração do prefácio.

A essa altura, a bibliografia sobre a obra imortal de Dante é gigantesca, criando, em certo sentido, um contraste com sua relativa ignorância pelo público não especializado que, com razão, queixa-se da complexidade de sua leitura, principalmente em sua versão poética, na qual os malabarismos da *terza rima* sempre assombraram os tradutores. Alguns estudos gerais tornaram-se obras de referência, como aqueles de Auerbach e Curtius, sendo digna de nota, também, a existência de excelentes enciclopédias sobre a *Divina Comédia*, como aquela de Lansing, que nos ajuda a penetrar nos meandros da excepcional erudição de Dante.

O intuito de meu estudo foi, meramente, concentrar-me na "poiesis colaborativa" entre os dois poetas, donos de uma autoria histórica refletida na interação épica entre seus duplos ficcionais, os dois personagens que, ao longo da Comédia, superam os horrores

---

1 Heloisa e Eduardo Ditolvo; André Guyvarch; Francesca Maria Ricci; Heloisa e Ailton Amaral dos Santos; Jorge Gabriel e Ângela Schonmann; Lilian Restaino; Luciana Tomezzoli; Maria Luiza Persicano; Maria Regina Junqueira; Nadia Sarkis; Osvaldo e Maria Cecília Vaiano.

do Inferno e se embebem da seiva esperançosa do Purgatório para permitir ao Peregrino seu acesso epifânico ao Paraíso, instrumentado pela generosidade de Beatriz. Imaginem minha satisfação quando, já terminado meu texto, deparo-me com o enunciado de George Steiner, que escolhi para epígrafe, sugerindo ser este o caminho para a plena apreensão desta obra-prima.

Creio ser oportuno apresentar, resumidamente, algumas das ideias de Steiner (2003, p. 87-118) referentes àquilo que chamou de "*poiesis* colaborativa", sua versão mais abrangente da "angústia de influência" de Harold Bloom, na esteira de seu incrível estudo das gramáticas da criação.

A *Comédia*, composição engendrada pela *poiesis* insuflada por um magnífico vigor intelectual, seria, ao mesmo tempo, uma extensa reflexão sobre a criatividade e as analogias entre o *fiat* divino e o *ingenium* humano. Sua ficção revela-se, paradoxalmente, uma "ficção da verdade", fato ilustrado pela antiga crença popular segundo a qual o próprio Dante carregava, em sua carne, marcas das queimaduras produzidas pelo fogo do Inferno.

Seu conceito de "*poiesis* colaborativa" não se refere a episódios reais, como os vividos entre Goethe e Schiller ou entre Brahms e Schumann, mas às

> *presenças eleitas que tantos criadores constroem em seu íntimo ou no interior de suas obras, os companheiros de viagem, os professores, os críticos, os parceiros dialéticos e todas aquelas outras vozes que murmuram sob as suas e que são capazes de conferir, até ao mais complexamente solitário e inovador dos atos criativos, a experiência de uma trama compartilhada e coletiva.*

A recorrência de Dante a Virgílio foi um impulso sobredeterminado, já que seu patrono assombrou o pensamento cristão profetizando o nascimento de Cristo, seja por meio de sua Quarta Écloga, seja por meio da oração de Anquises, pai de Eneias, no IV livro da *Eneida*. Por Virgílio apresentar-se a Dante como um sábio misteriosamente iluminado, mas, ao mesmo tempo, estar condenado no limbo a "arder no desejo da salvação, sem saciá-lo" (Inf. IV, 42), é em cima dessa dubiedade que se instaura uma das mais complexas e comoventes representações de um relacionamento técnico, filosófico e tecnológico da literatura. Essa ambiguidade já estava encarnada na saudação do Peregrino para seu guia ao final do Canto II do Inferno:

Or va, ch'un sol volere è
d'ambedue:

Mas segue, que é dos dois
um só querer:

Tu duca, tu segnore e tu
maestro.

Tu condutor, tu senhor
e tu mestre.

A nuance nesses versos comprova a existência de uma ambiguidade no interior da concórdia (expressa por este sonoro *ambedue*) e do embate inevitável que emana de todo aprendizado, conforme seu desdobramento se modula nos polos da rivalidade e da superação. Apesar de Virgílio ser "o sábio gentil que tudo conhece" (p. 104), já a partir do IX Canto, quando Dante recebe a proteção de um "Anjo vindo do Céu" que mantém os demônios acuados, inicia-se uma desconstrução suavemente exaustiva da autoridade do Mestre. As 140 menções à obra de Virgílio na Comédia sofrem um diminuendo constante: no Inferno, encontramos sete traduções diretas, no Purgatório, cinco, e no Paraíso, somente uma.

Steiner, no entanto, sugere ser Dante a alma mais talhada para compreender a dimensão da obra de Virgílio, ao nos alertar que a interpretação do mais profundo só alcança sua excelência entre pares, como nos comentários de Coleridge sobre Wordsworth, nos de Akhmátova sobre Pushkin ou nos de Auden sobre Keats. A criação, porém, seria sempre polifônica na medida em que outras vozes convidariam ao desequilíbrio e ao abandono da compostura estéril, culminando, assim, com o despertar da imaginação.

A representação dantesca da consciência do Inferno, do Purgatório e do Paraíso, bem como sua demonstração entre o "aqui" e o "lá", constituiria um ato da mais autêntica criação. A cosmologia daí advinda seria essencialmente relativista: nos três reinos da experiência espiritual, os espaços-tempo seriam constituídos no interior ou no exterior de toda forma significante, pelo peso literal do mal ou da graça.

Além disso, a eleição de Virgílio, um pagão, tem uma implicação fundamental ao expor a cesura temporoespacial entre o paganismo e o cristianismo. O conceito psicanalítico de cesura proposto por Wilfred Bion nos permite investigar as transformações inerentes a essas mudanças de classe ou estado por privilegiar o vínculo e/ou a sinapse entre elas, ou, como ele prefere, o seu humor transitivo-intransitivo. Ao propor, no Canto IV do Inferno, a existência de um Castelo dos Iluminados para albergar as figuras ilustres do paganismo, podemos conjecturar que Dante expressava sua admiração por aqueles que, impedidos de escolher a Cristo, optaram pelo caminho da virtude. Ainda mais que admiração, Dante os reconhecia como legítimos colaboradores transitivos de sua obra magna: não por acaso, as duas maiores fontes de citação na *Divina Comédia*, Ovídio e Virgílio, emanaram do mundo pagão.

Parafraseando Freud, que disse haver "mais continuidade entre a vida intra e extrauterina do que a impressionante cesura do nascimento nos faria suspeitar", poderíamos dizer que Dante reconheceu haver mais continuidade entre ele e Virgílio do que a aparente cesura entre os mundos pagão e cristão nos induziria a concluir. Meu maior desejo, ao escrever este livro, foi ajudar os leitores intimidados pela tarefa "dantesca" de encetar a leitura da *Divina Comédia* a fazê-lo orientando-se pelo fio condutor da viagem emocionante dos dois poetas visionários pelo Mundo do Além.

Luiz Carlos Uchôa Junqueira Filho

Prefácio

Dante e Virgílio: o resgate na selva escura, de Luiz Carlos Junqueira, é uma leitura da "experiência emocional" na *Divina Comédia*. Não se trata apenas de uma análise das categorias teológicas e políticas, éticas e literárias, pois este ensaio amplia sua interpretação com reproduções de Botticelli, Doré, Blake e Dalí, em particular, estabelecendo, assim, a modernidade narrativa tanto de Dante quanto dos artistas, leitores também da obra do poeta. A começar pelo narrador, ora herói, ora autor, cuja identidade transita entre personagens e épocas, sendo o poeta Virgílio o duplo que guia da antiguidade à atualidade. Observa Junqueira:

> *O conceito de duplo, no entanto, abarca uma gama mais complexa de fenômenos, como as personalidades divididas, as imagens especulares, os gêmeos e os sósias, as usurpações de identidade, as aparições disfarçadas do Eu, as sombras, os fantasmas, as possessões demoníacas e a visitação dos mortos (p. 35).*

Não por acaso, o autor elege artistas cujas ilustrações se originam na imaginação romanesca e em alucinações visuais que, de Botticelli a Doré, de Delacroix a Baudelaire e Dalí, conferem um caráter trágico à humana condição. Eis por que Junqueira acompanha a viagem de Dante diante das metamorfoses do Mal, confrontando-se aos pecadores que fatalizam suas vítimas, como no episódio no qual Virgílio protege Dante ao se depararem com os falsários e os dissimuladores:

> Evocando uma mãe diligente prestes a salvar um filho do incêndio, Virgílio colocou Dante no colo e, protegendo-o em seu seio, escorregou ágil pela ribanceira até atingirem o fundo da 6ª vala, onde se depararam com uma incrível procissão [...]. Na imagem de Gustave Doré (Figura 10), os dois poetas estão em primeiro plano a observar uma fila infindável de seres encapuzados, curvados sob um manto dourado que só disfarçava o chumbo que compunha o seu interior (essa é a imagem que podemos vislumbrar em nossa imaginação, já que as gravuras aparecem em branco e preto). Essas figuras representavam a dupla natureza dos hipócritas, portadores de um caráter exterior reluzente, mas tentando esconder uma essência sombria que acabava transparecendo nas faces maceradas e no lento caminhar (p. 65-66).

O percurso iniciático dos círculos do Inferno, das provações que o poeta enfrenta, e a passagem pelo Purgatório como purificação e sublimação preparam as revelações que levam ao êxtase e à iluminação no Paraíso, a suprema elevação do espírito no conhecimento do mais elevado, do Divino. Nesse sentido, Junqueira escreve:

O Canto I da Comédia poderia ser denominado "o resgate na selva escura". *Na primeira gravura de Gustave Doré (Figura 2), um Dante acabrunhado e solitário está prestes a ser estrangulado por raízes ameaçadoras que pairam em sua volta como tentáculos traiçoeiros. [...] A esperança, no entanto, ainda não o abandonara, levando-o a alçar seus olhos na direção de uma colina "vestida já dos raios do planeta" [...], o Sol, investido do poder de reconduzir as ovelhas desgarradas ao caminho da virtude (p. 39).*

Assim, o subterrâneo, a floresta escura e a caverna platônica de ilusões constituem a base metafísica do conhecimento de um si mesmo que se enleia em perdição como etapa para o conhecimento do Absoluto, uma vez que a nenhuma das coisas criadas escapa seu fim, somente ao homem. Pois, na selva escura, em que nada é indício da boa direção, multiplicam-se fantasmas, espectros e fantasmagorias, sombras que perderam seus próprios corpos:

ao ser resgatado da selva escura por Virgílio, Dante aceitara tacitamente a sua imaterialidade, mas, agora, querendo "palpar" a sua presença, sente-se novamente frustrado com o mistério daqueles corpos espectrais, como vemos na cena surrealista de Salvador Dalí na Figura 17 (p. 82).

O homem deve conhecer que é mortal e seu corpo, perecível, mas que sua destinação é espiritual, sua finalidade é buscar virtude e conhecimento, salvar a alma imortal.

Essa é a razão pela qual o poeta que desce aos ínferos tem compaixão dos que pecaram, reconhecendo, em alguns, a grandeza de seus gestos. É Virgílio que, no encontro com os condenados por homossexualidade – aqueles que defenderam a cidade de Florença dos ataques inimigos –, o aconselha a tratá-los com reconhecimento e consideração. Nesse sentido, Junqueira observa:

> *Eis uma passagem em que Virgílio funciona como memória e consciência de Dante, convidando-o a mostrar-se complacente com aqueles que, independentemente de sua orientação sexual, defenderam Florença com dignidade. Hoje, essa postura seria elogiada como exemplo de autêntica inclusão social (Cena ilustrada pela Figura 8, de William Blake, em que as três almas giram num redemoinho de fogo.) (p. 59).*

As figuras deste livro não representam uma forma de *ekphrasis*, de legenda descritiva de cenas narradas, e não constituem simples paráfrase, mas ampliam uma hermenêutica do texto. Com efeito, as visões oníricas do poeta e de seus artistas-leitores dão sentido aos empreendimentos de Freud, pois os sonhos merecem interpretações por serem portadores de verdades, inscrevendo-se a interpretação dos sonhos na linhagem dos teólogos medievais. Em imagens sonhadas, Dante se vê transportado por Santa Luzia até o Purgatório, sonho que interpreta a realidade da passagem do sensível ao inteligível.

Luiz Carlos Junqueira nos mostra de que maneira essa passagem é antecedida por cenas de horror, as decapitações ocorridas na História de Florença:

> *No Canto XXVIII, os peregrinos [Dante e Virgílio] chegam à vala em que os intrigantes, os causadores de cismas e os fomentadores de cizânia giram constantemente,*

sendo mutilados pela espada de um demônio. [...] Mas, de todos os episódios relatados, o mais horripilante foi o do famoso trovador Bertram de Born, que, passando pela Inglaterra, incitou o jovem Henrique III a rebelar-se contra o pai, Henrique II. Em função da gravidade do traiçoeiro delito, ele foi decapitado e segurava sua cabeça com a mão como se fosse uma lanterna, compondo uma imagem surreal "de dois em um, e um em dois", magnificamente reproduzida por W. Blake e por Gustave Doré (Figuras 11 e 12). [...] A separação cruenta entre corpo e cabeça/mente nesse episódio evoca-nos [...] o abismo existente entre o Dante personagem, que carrega um corpo em busca da salvação, e o Virgílio personagem, colocado no Limbo com sua cabeça/espírito, mas desprovido de um corpo e, consequentemente, incapaz de ser salvo. Essa imagem surrealista reaparece constantemente na dramaturgia de Samuel Beckett, em que vários personagens falam por meio de cabeças cortadas, as famosas talking heads, que representam consciências desgarradas de corpos mortos--vivos que relutam em desaparecer antes de exporem suas visões críticas acerca da vida humana (p. 69-70).

Essencial, também, é o laço da ancestralidade, a filiação a Virgílio, mestre e discípulo "filhos de uma mesma esperança", garantidora da confiança, da lealdade e da amizade face aos vícios que exorbitam os desejos dos sentidos, de posse, poder ou conhecimento:

> Estando a jornada prestes a completar-se, o personagem vivido por Dante comporta-se como o equilibrista que teme errar o último passo e, assim, deitar a perder todo

o sofrido trajeto já percorrido. Virgílio tenta acalmá-lo, invocando, para tanto, a confiança mútua que se criara ao longo do caminho (p. 104).

Para Dante, nas análises de Junqueira, não se trata de "realização de si", tampouco de um aniquilamento da vontade, mas do uso prudente do livre-arbítrio, condição da experiência e do conhecimento de que são constitutivos o corpo e suas paixões. Não por acaso, há, na *Divina Comédia*, três mulheres, Francesca de Rimini, Matelda e Beatriz, personagens ativas no caminho da virtude. A primeira, punida por adultério, mas também a do amor desinteressado e sincero. Matelda, no paraíso terrestre, que banha o poeta nas águas do rio Eunoé para preservar a memória de acontecimentos e experiências vividas:

> *Ao descrever essa viva oscilação entre a mulher física e moralmente degradada e a sereia sedutora que chegara a enfeitiçar Ulisses, Dante (autor) já demonstra uma consciência de que, na vida terrena, os poderes carnais não cessam mediante imposições morais ou metafísicas, mas precisam ser administrados segundo as responsabilidades do livre-arbítrio (p. 122).*

Beatriz, no Paraíso, é personagem definitiva na conversão do poeta, na "volta completa" que, no entanto, não é retorno a um ponto de partida, pois é um avançar para o resgate, que é um "renascimento".

Ao acompanhar o poeta em seu caminho, Junqueira evoca as diáfanas esculturas de Giacometti. De seu "Homem que Caminha", sem armas nem bagagens, nada se sabe, senão que está vivo porque em marcha. Viagem para a busca de si, do Outro, do Além, no entrecruzamento da Terra e do Céu, a *Divina Comédia* é, para Junqueira, um "romance de formação", em que a espiritualidade de Dante se expressa como uma ressurreição, nas figuras longilíneas e incorpóreas de Giacometti: "*Neque nubent*", cita o autor dando voz a Giacometti, "Os seres são leves porque estão vivos". Como Anjos no céu.

Olgária Matos
Professora Titular do Departamento de Filosofia da Universidade de São Paulo (USP) e Professora Titular do Departamento de Filosofia da Universidade Federal de São Paulo (Unifesp)

1. Virgílio: duplo de Dante?

A *Divina Comédia* foi, é e sempre será o canto confiante de um homem solitário dirigido a uma humanidade desesperançada. Localizada historicamente na Idade Média Latina, seu conteúdo temperou poeticamente a vida real de Dante Alighieri (1265-1321) com o *páthos* de sua vida imaginativa. Para tanto, ele se valeu da estratégia de descrever sua peregrinação ficcional em busca da Salvação, empreendendo uma viagem guiada através do Inferno e do Purgatório para, finalmente, ser recompensado com o ingresso no Paraíso. Essa viagem ciclópica por suas dimensões espirituais e metafísicas, em nível profano, foi singelamente localizada na Semana Santa do ano de 1300 (mais especificamente, entre os dias 8 e 15 de abril), no qual o Papa Bonifácio VIII instituiu o primeiro "Ano de Perdão dos Pecados" ou "Ano do Jubileu".

É consenso entre os estudiosos que o périplo de Dante pelos caminhos da eternidade nada mais foi que uma sistematização aristotélica-tomista de sua atribulada vida terrena. Mas, inspirado na máxima de Heráclito de que "o caráter de um homem é o seu destino", Dante foi além, sugerindo que o destino final de cada indivíduo é consequência direta de uma totalidade constituída por corpo e espírito, ou seja, uma "presença sensível ideal".

Desde a mais remota antiguidade, o imaginário humano tem sido seduzido pela perspectiva de estabelecer um misterioso intercâmbio entre o mundo dos vivos e o mundo dos mortos, mas, talvez em virtude da ousadia da proposta, essa tarefa sempre era delegada a heróis lendários, supostamente mais capazes de empreendê-la. Duas dessas narrativas, pertencentes à tradição latina, impressionaram Dante sobremaneira. A primeira foi a descida de Eneias aos Infernos para consultar seu pai Anquises, que lhe profetiza a grandeza de Roma e de Augusto, passagem inscrita no Livro VI da Eneida de Virgílio (70-19 a.C.). A outra foi um diálogo satírico de Lucianos (115-200 d.C.), no qual Ménipos, filósofo da escola cínica, perplexo com as contradições da filosofia, visita o mundo subterrâneo para consultar Tirésias a respeito da melhor maneira de viver: "Dedique-se à tarefa de cada momento!", teria lhe respondido o adivinho.

Em seu livro *Vida Nova*, Dante relata um episódio em que ele, aos dezoito anos, reencontra Beatriz Portinari, uma paixão platônica de sua infância, vestida de branco e irradiando uma estonteante beleza. Alvoroçado com essa visão angelical, ele recolhe-se a seu quarto, onde, lutando com um turbilhão de sentimentos, acaba adormecendo e tendo um sonho. Nessa visão onírica, ele viu-se diante de uma figura representando o Amor que trazia Beatriz desfalecida em seus braços, ostentando nas mãos um coração flamejante e envolta num manto encarnado. Intrigado com essa aparição, resolveu escrever um soneto para descrevê-la sob forma de enigma, de modo que outros poetas pudessem ajudá-lo em sua decifração.

Sua poesia desta época, denominada posteriormente "novo estilo doce" (*dolce stil nuovo*), era marcada pela contemplação angelical da amada, *la donna angelicata*, como podemos ver no Soneto XV da *Vida Nova*:

Quero cantar o louvor de minha amada,
e compará-la aqui à rosa e ao lírio.
Como a estrela da manhã, a minha dona brilha
e resplandece
e nada do que no alto é belo a ela se compara.
Lembra-me o ar, uma verde ribeira enfeitada de flores
– sínoples e goles –;
e também jalne e blau e mui ricas gemas, dessas de regalo.
Que tudo Amor refina.
Ela passa pela via tão bem-posta e gentil
que peca por soberba aquele a quem saúda,
e se converte, se não tinha fé. E digo mais: é tal sua virtude
que alimpa as culpas de quem quer que a veja
(Tradução de Jorge Wanderley).

Esse evento inaugural nos ajuda a compreender um aspecto essencial da escrita da *Divina Comédia*, ou seja, a assombrosa habilidade de Dante de traduzir imagens pictóricas em texto; por outro lado, isso também nos revela sua sensibilidade psicológica, já que as almas, diante do Tribunal da Eternidade, abandonaram suas máscaras e maquiagens mundanas para se reconhecerem na plenitude nua e crua da sua essência. Essa percepção coaduna-se perfeitamente com a visão psicanalítica contemporânea, que considera a verdade como o nutriente psíquico por excelência. Por outro lado, foi essa intensa visualidade de sua obra-prima, às vezes até chamada por ele de visão, que facilitou a tarefa de vários artistas, como Sandro Botticelli (1445-1510), William Blake (1757-1827), Eugène Delacroix (1798-1863), Gustave Doré (1832-1883) e Salvador Dalí (1904-1989),[1] que produziram ilustrações memoráveis de seu poe-

---

1 As ilustrações citadas podem ser vistas na seção "Iconografia", ao final do livro [N.E.].

ma. Como nos lembra George Steiner, Dante torna a abstração incandescente, ele sente o que pensa e pensa o que sente.

Essa visualidade tornou-se possível porque Dante dotou suas almas de um "corpo espectral", como descrito por Erich Auerbach (1892-1957), ou seja, de uma capacidade de sentir e reagir ao sofrimento, mesmo que condenadas a uma "existência imutável" no restrito local a elas atribuído pela punição divina, como nos descreveu Hegel (1770-1831). Com isso, Dante inaugurou uma espécie de realismo invertido, no qual os acontecimentos históricos terrenos não passam de prefigurações de realizações futuras que, no limite, só encontrarão a verdadeira realidade no Mundo do Além, antecipando a descoberta da psicanálise, que reconhece as lembranças visuais como núcleo organizador do pensamento.

A teorização mais original a esse respeito foi conseguida pelo próprio Auerbach, grande mestre da literatura comparada, ao demonstrar que são as "formas figurais" presentes na *Divina Comédia* que determinam toda a estrutura do poema. Para Dante, a realidade terrena não passa de uma *umbra futurorum*, uma sombra do futuro, uma profecia que será realizada mais à frente como parte da realidade divina total. Ele inspirou-se em autores latinos como Tertuliano (150-230), para quem a "figura" está sempre embutida num mistério requerendo ser interpretada, em geral a partir de relações de similaridade (por exemplo, Eva como figura da Igreja). Desde os primórdios, o material pagão e profano foi interpretado figuralmente: a ressurreição de Lázaro e o resgate de Jonas do ventre da baleia seriam figuras da Ressurreição. Já na tradição cristã, Moisés era concebido como figura de Cristo, enquanto para Santo Agostinho (354-430) a Arca de Noé seria uma prefiguração da Igreja, Sara, uma prefiguração da Celestial Jerusalém (a Cidade de Deus), e Esaú e Jacó, a figura de dois povos, judeu e cristão.

Para melhor ilustrar sua teoria, Auerbach escolheu três figuras paradigmáticas da *Divina Comédia* – Catão de Útica, Beatriz e Virgílio. Na sua visão, o Virgílio histórico teria sido para Dante, ao mesmo tempo, guia e poeta, na medida em que a descida de Eneias aos Infernos profetizava a Pax Romana universal, ou seja, a ordem política ansiada por ele. Sua obra, por outro lado, influenciou todos os grandes poetas que o sucederam, além de antecipar a salvação da humanidade por meio da chegada do Cristo, descrita por ele em sua Quarta Écloga. Seria oportuno evocarmos, brevemente, os dados principais de sua biografia.

Segundo Andrea Lombardi, professor de língua e literatura italianas, em seu ensaio para a *Revista Entrelivros* (2004), a figura que corresponde, em Dante, à descrição de imagens em palavras inauguraria, para os tempos modernos, a histórica rivalidade entre pintura e poesia. Seus primórdios poderiam ser encontrados na tensão medieval entre essencialismo (uma imagem vinda do Além e reproduzida de forma virtuosística com ressonâncias platônicas) e uma forma exacerbada de "textualismo", religião do livro ou do texto, que ecoaria a inflexibilidade da tradição judaica e sua recusa pela imagem, visando valorizar o caráter "divino" do texto.

Publius Vergilius Maro nasceu na vila de Andes, perto de Mântua, em uma família suficientemente abastada para propiciar-lhe uma boa educação básica e, depois, enviá-lo a Roma para estudar a literatura grega e a filosofia epicurista. Em função do favorecimento aos veteranos das campanhas de Augusto, as terras de sua família foram confiscadas e ele passou o resto de sua vida como exilado, destino curiosamente igual àquele de Dante. Virgílio, ao contrário de seus compatriotas romanos, era acanhado, contemplativo, melancólico e sonhador: sua divisa poderia ser a fala da Rainha Dido acolhendo Eneias (Virgílio, [n.d.], p. 26) – "É por não ignorar a desgraça que aprendo a socorrer os desgraçados". Portanto, foi sua piedade em relação aos sofrimentos progressos de sua pátria, acrescida de seu entusiasmo sincero em relação à grande obra pacificadora de Augusto, que transformou Virgílio no poeta nacional de Roma. Sua poesia, segundo Auerbach, combinava pureza de sentimento, sabedoria natural e perspectiva de renascimento espiritual: a figura do piedoso Eneias, que, movido pela aflição, abre caminhos em sua fuga de Troia, superando tentações, vencendo perigos e alcançando um destino predeterminado, era algo alheio às epopeias de Homero.

Seria interessante, no entanto, compararmos o *dolce stil nuovo* de Dante com as reminiscências poéticas que Virgílio guardava do seu ardor amoroso juvenil, "o reconhecimento dos vestígios de meu antigo ardor" (Vírgílio, [n.d.], p. 144), que levaram Montaigne (2015) a dizer que Vênus não era tão bela toda nua, viva e ofegante, como nesta passagem:

> *A deusa tinha falado assim; com seus braços de neve ela cerca e aquece num doce abraço Vulcano, hesitante; de repente, ele reconhece um ardor familiar; o calor bem conhecido invade sua medula e percorre seus membros cheios de languidez. Assim, às vezes, no estrondo do trovão um sulco inflamado cheio de brilho percorre as nuvens iluminadas. Diante dessas palavras, ele lhe oferece o abraço esperado, e tendo-se abandonado em seu seio deixa um sono sereno invadir todo o seu corpo (p. 396).*

A *Divina Comédia*, ainda segundo Auerbach, é um poema didático-enciclopédico no qual são apresentadas, conjuntamente, as ordens universais físico-cosmológica, ética e histórico-política. É também uma obra de arte imitativa da realidade no seu todo: passado e presente, grandeza sublime e desprezível vulgaridade, história e lenda, tragédia e comédia, homem e paisagem desfilam por ela com fluência. É, finalmente, uma história da salvação de um único homem, Dante, e, como tal, uma história figurativa da salvação da humanidade em geral.

Mas que tipo de artifício imaginativo Dante criou para levar a cabo a sua missão? Tem-se a impressão de que ele se valeu intuitivamente dos mecanismos de realização de desejos que estão na base da elaboração dos sonhos descritos pela psicanálise desde os seus primórdios.

De fato, o eixo de sua salvação está apoiado no socorro que recebeu por parte de um objeto amoroso, Beatriz; em realidade, uma figura feminina composta pela fusão de Nossa Senhora com Santa Lúcia[2] que lhe enviou um objeto-guia, Virgílio, para resgatá-lo da selva escura onde ele se perdera após ter-se transviado do caminho virtuoso. Beatriz e Virgílio, portanto, não são somente personagens fruto de sua imaginação, mas, muito provavelmente, partes do seu Eu ligadas ao amor-próprio e à autoajuda. Como veremos a seguir, Dante vai projetar na relação com Virgílio uma angústia de influência que lhe permita encontrar-se num outro, num duplo a ser imitado e superado, a partir do estalo entre eles de uma "centelha viva", como disse Curtius (1979). Afinal de contas, Longino (1996) já assinalara que a imitação dos grandes poetas do passado, ao despertar o espírito de emulação, é um caminho para o sublime.

É comum comparar-se a cena onírica com um palco em que se desenrola uma peça teatral de uma só pessoa, aquela que, magicamente, acumula as funções de dramaturgo, cenógrafo, diretor de cena, publicitário, ator e... espectador. O próprio Dante, ao descrever o sonho que teve com Santa Lúcia conduzindo-o ao Portal do Purgatório, nos descreve o sonhar como um processo no qual a mente adormecida livra-se das amarras do corpo e, qual peregrina, pode dedicar-se às visões fantásticas do pensamento: "a hora em que se ouve o canto dolorido da cotovia [...] e em que a nossa mente pe-

---

2 Consta que o Dante histórico tinha problemas oculares, tendo eleito, por isso, Santa Lúcia como sua padroeira.

regrina, presa mais à matéria, e ao juízo infensa, para as visões fantásticas se inclina, em sonho pareceu-me ver suspensa uma águia refulgente" (Purg. IX, 13-20, C. M.).[3] É a partir desse interessante contexto que analisaremos a criação imortal de Dante, lembrando que ele mesmo estará presente em três níveis: como indivíduo histórico, como autor do poema e como um personagem deste.

Freud (1856-1939), em seu estudo seminal sobre os sonhos, sugeriu que, invariavelmente, eles implicavam realizações de desejos por parte do sonhador. Considerando-se sua biografia, podemos imaginar quais teriam sido os prováveis desejos de Dante: retornar a Florença, de onde tinha sido banido, e ser reconhecido como filho pródigo imortal; encontrar Beatriz no Empíreo, "luz intelectual, de amor ardente", consumando, assim, o amor platônico da juventude; exaltá-la em forma poética como "nunca antes mulher nenhuma fora exaltada", alcançando a excelência de seu ídolo, Virgilio; e, finalmente, fazer um inventário dos vícios e das virtudes humanos, sugerindo um esquema transcendente para salvar a humanidade, lastreado em sua integridade moral. Alguns estudiosos, aliás, encaram Dante como um dos precursores do Romantismo, ao antecipar o fantástico mundo gótico de sonhos que se criaria séculos depois dele, no qual o horrível e o grotesco seriam utilizados como elementos de expressão estética.

Para desenvolver-se, o psiquismo de Dante, como o de qualquer mortal, necessitava se confrontar com o psiquismo de outras pessoas, para que, a partir da tensão ali criada, ele fosse se conhecendo, em parte em função das semelhanças, mas, principalmente, por meio das diferenças. Muito esquematicamente, poderia-se dizer que, no fundo, o conjunto dos mecanismos psíquicos se reduz a dois

---

3 Para as citações da *Divina Comédia*, utilizaremos as traduções de Cristiano Martins (C. M.), Hernani Donato (H. D.), Italo Eugênio Mauro (I. E.) e, eventualmente, do próprio autor (T. A.). Atente-se para o fato de que algumas das citações estão reproduzidas em verso e outras em prosa.

processos básicos, o acolhimento e a rejeição, e, com certeza, ambos estarão em jogo na questão do duplo enunciada anteriormente, já que o par-sonhante (precursor do par-pensante) atua segundo o modelo de uma instância que projeta suas angústias e de outra que as acolhe para digeri-las.

Nesse sentido, a escolha de Virgílio como parceiro de sua peregrinação deve ter obedecido a uma estratégia interna desconhecida ao próprio Dante. É verdade que, possuidor de um espírito contestador e combativo, as marcas de seu sofrimento logo foram se fixando em sua figura esguia e fugidia, na qual se destacavam os ombros caídos, o rosto alongado e macilento e o nariz afilado e protraído pela magreza. O mais provável é que Dante, alçado à condição de Autor, ao escolher Virgílio, deve ter levado em conta sua imagem histórica de personalidade sensível, equilibrada e firme, que pudesse se contrapor a seu espírito belicoso e inconformista.

A partir da literatura narrativa ou dramática, a expressão *alter ego* popularizou-se, designando a pessoa que faz contraponto ou complementa as qualidades ou os atributos de outra. O conceito de duplo, no entanto, abarca uma gama mais complexa de fenômenos, como as personalidades divididas, as imagens especulares, os gêmeos e os sósias, as usurpações de identidade, as aparições disfarçadas do Eu, as sombras, os fantasmas, as possessões demoníacas e a visitação dos mortos. Desde tempos imemoriais, o assunto tem suscitado explicações místico-religiosas, reflexões filosóficas e criações artísticas, mas, a partir do século XIX, tornou-se um tema preferencial da literatura romântica e das investigações psicanalíticas.

Nos textos sagrados e nas tradições mitológicas, é recorrente a noção de que o homem, ao ser criado pelos Deuses, perde a sua inteireza, enfraquece-se ao ter a sua singularidade abalada, mergulha, em resumo, no reino da imperfeição. Essa imperfeição evoca, no ser formado, a lembrança e a possibilidade de tudo aquilo que foi excluído de sua essência, ou seja, do não-criado. É este confisco fundador que estaria na base das angústias individuais e das tensões sociais, que determinaria a precariedade fundamental da natureza humana e que condenaria o homem, desde o nascimento, a ser uma mera testemunha passiva de sua finitude, como Beckett (1906-1989) fazia sempre questão de nos lembrar. Essas inquietudes, no entanto, não impediram espíritos ousados como Nietzsche (1844-1900) de perceberem que "a alegria deve ser buscada não na harmonia, mas na dissonância", nem espíritos sensíveis como Oscar Wilde (1854-1900) de explorarem, insistentemente, a beleza da imperfeição.

Em 1919, em seu ensaio sobre o "unheimlich" (literalmente, "desambientado" ou "não-familiar"), Freud explora, esteticamente, os sentimentos de estranheza que aparecem quando vivências familiares de estágios precoces da vida emocional são retomadas no futuro, só que, agora, assumindo um caráter hostil ou assustador ao sujeito. Em seu entender, o duplo seria fruto da urgência do eu em se defender pela projeção dessa estranheza num personagem externo: isso seria possível por meio de uma regressão a fases iniciais da evolução do sentimento de auto-observação, quando o eu ainda não se diferenciou nitidamente do mundo externo e de outras pessoas. Em contraste com Otto Rank (1884-1939), que ligara o aparecimento do duplo com o desejo de imortalidade, a tese central de Freud sugere que a ansiedade assustadora associada ao duplo é fruto do retorno de algo ameaçador que fora reprimido no passado; esse fato, aliás, explicaria a curiosa evolução linguística do termo "das heimliche" ("familiar"), cujo significado, ambivalentemente, acaba se confundindo com seu oposto "das unheimlich" (o "não-familiar" ou "estranho"). Foi isso que motivou Schelling (1775-1854) a definir o "unheimlich" como tudo aquilo que deveria permanecer secreto e escondido, mas que acaba vindo à luz de forma insólita.

Além da proverbial dualidade entre corpo e alma, R. L. Stevenson (1850-1894), ao elaborar o seu famoso *O estranho caso de Dr. Jekyll e Mr. Hyde*, confessou que seu conto, no fundo, representava "um veículo para aquela vigorosa sensação de duplicação do ser humano que, às vezes, se insinua a toda criatura pensante e acaba por dominá-la". Ao explicar a feitura de sua obra-prima, ele atribuiu todos os créditos de sua criação a instâncias do seu Eu (por ele denominadas "homúnculos"), que trabalhavam no interior de seus sonhos enquanto ele dormia e, pela manhã, entregavam o texto pronto ao "escritor", reduzindo-o, assim, a um mero transcritor.

Mas, para nossos propósitos em relação a Dante, o estudo mais útil que encontrei foi o ensaio epistemológico sobre a ilusão do filósofo Clément Rosset (2008), denominado *O real e seu duplo*, que não deixa de representar uma elaboração filosófica dos conflitos assinalados por Freud no psiquismo humano, quando os impulsos prazerosos precisam se adaptar à realidade. Em síntese, a recusa do real pode ocorrer de forma radical, casos da loucura e, no extremo, do suicídio, ou por meio de subterfúgios ilusórios nos quais a percepção é preservada, mas suas consequências são distorcidas. O mecanismo básico da ilusão é a dissociação, a transformação de um acontecimento único em dois fatos divergentes em que a função do fato "acessório" é substituir o fato incômodo: o sofrimento deixa de ser a cegueira e passa a ser a visão duplicada. "Não se escapa ao destino" quer dizer, simplesmente, que não se escapa ao real. Ninguém encarnou melhor esse drama do que Édipo, que, tentando duplicar sua condição de vítima ao se colocar na posição de investigador da própria identidade, vai, a cada desdobramento da tragédia, retornando implacavelmente ao *status* de um ser único para, ao final, reconhecer que sua infelicidade é ser ele mesmo, e não dois.

Três tipos fundamentais de ilusão são estudados, de acordo com a situação a ser duplicada: quando se produz o duplo de um acontecimento, tem-se uma "ilusão oracular"; quando se busca um duplo do mundo, tem-se uma "ilusão metafísica"; quando, finalmente, é um indivíduo que precisa de um duplo, tem-se a "ilusão psicológica", como nos casos clássicos de Henry Jekyll e Dorian Gray. O iludido é aquele que aposta, até o fim, na graça de um duplo.

Privilegiaremos a ilusão metafísica por ser aquela que mais se aproxima da estrutura da *Divina Comédia*, já que o projeto metafísico, por excelência, é "colocar o imediatismo à distância, associá-lo a um outro mundo que possui a sua chave, ao mesmo tempo do ponto de vista de sua significação e do ponto de vista de sua realidade".

A origem dessa configuração está na teoria platônica da reminiscência, segundo a qual os acontecimentos do mundo constituem os momentos secundários de uma verdade, cujo primeiro momento está em outro lugar, no outro mundo. A dialética metafísica é, fundamentalmente, uma dialética do aqui e do alhures, de um aqui do qual se duvida ou que se recusa e de um alhures do qual se espera a salvação.

Segundo Hegel, o mundo das aparências sensíveis não tem como afastar-se de si próprio para "pensar-se": para tanto, ele se vale de um artifício, faz uma incursão ao território da dúvida radical – o "mundo invertido", de caráter metafísico – e, então, retorna "ao interior ou essência das coisas", um grande avanço, se pensarmos que o ponto de partida fora a aparência sensível, ou seja, uma mera crosta do real. Por outro lado, Hegel acentua que o mundo suprassensível é a exata duplicação do mundo sensível, algo que, como veremos, já estava incorporado ao sistema de Dante. Aliás, a peregrinação que acompanharemos a seguir foi concebida por um ser sensível, Dante, o qual se associou a um ser suprassensível, Virgílio, para, com sua ajuda, enfrentar um real que, como nos alerta Guimarães Rosa (1908-1967), "não está na saída nem na chegada [...] [mas] no meio da travessia".

2. O trânsito pelo Inferno

A forma de se safar do Inferno é através de Amor,
Ódio e Assombro, vividos em parceria com um Outro.
(Meg Harris Williams)

O Canto I da *Comédia* poderia ser denominado "o resgate na selva escura". Na primeira gravura de Gustave Doré (Figura 2), um Dante acabrunhado e solitário está prestes a ser estrangulado por raízes ameaçadoras que pairam à sua volta como tentáculos traiçoeiros. Essa cena é realçada por um facho de luz que desnuda uma consciência transviada e culpada, à beira de ser engolida pela "selva selvagem, densa e forte, que em relembrá-la a mente se tortura" (Inf. I, 5-6, C. M.). A esperança, no entanto, ainda não o abandonara, levando-o a alçar seus olhos na direção de uma colina "vestida já dos raios do planeta" (Inf. I, 17, I. E.), o Sol, investido do poder de reconduzir as ovelhas desgarradas ao caminho da virtude. Diante da perspectiva de galgar este símbolo da elevação espiritual, a angústia que inundava seu coração pôde arrefecer, estimulando-o a iniciar a subida. Uma terrível surpresa, porém, se interpôs em seu caminho.

Três feras surgem diante de si, uma pantera, um leão e uma loba, representando tanto a multiplicação dos vícios humanos (segundo alguns, a luxúria, a violência e a avareza, respectivamente) quanto a degradação das instituições (segundo outros, Florença, o Reino da França e a Cúria Romana).

Sentindo-se impotente e desesperado, tropeçando e quase caindo, Dante começa a subir a colina desolada, tentando usar o pé mais baixo como apoio, de modo que o outro pudesse funcionar como um tentáculo apto a farejar o caminho certo. É nesse momento de busca por equilíbrio e orientação que ele percebe "à minha frente um vulto incerto, que por longo silêncio emudecido parecia irromper no grão-deserto" (Inf. I, 62-64, I. E.). Incontinenti, ele clama por socorro: "Tende piedade de mim [...] seja quem fores, sombra ou homem certo!" (Inf. I, 65-66, T. A.). Este parece ser o instante fundador da parceria: Dante sente-se tão miserável e necessitado de um Salvador que deixa escapar sua inclinação de, na falta de um homem de verdade, poder se satisfazer com um simulacro de homem, algo próximo de um duplo, que lhe garanta a retaguarda (o pé fixo), liberando o pé desbravador para funcionar como uma espécie de antena para rastrear a virtude que ele suspeita estar escondida em algum local sagrado.

Instada a identificar-se, a sombra apressa-se a informar sobre a impossibilidade de sua salvação, devida a um acidente histórico: o de ter nascido antes de Cristo sob a estrela de Júlio César, tendo vivido "na Roma do grande Augusto, na era dos falsos deuses impostores" (Inf. I, 71-72, C. M.): em resumo, por ser pagão. "Fui poeta, cantei as proezas do justo filho de Anquises, o que veio de Troia depois do incêndio de sua magnífica Ílion" (Inf. I, 73-75, H. D.). Com esse perfil, Dante reconhece seu ídolo: "Então, tu és Virgílio, aquela fonte que expande de eloquência um largo rio?" (Inf. I, 79-80, C. M.), exclamando num misto de idealização e gratidão: "Dos outros poetas honra e desafio, valham-me o longo esforço e o fundo amor, que ao teu poema votei anos a fio. Na verdade, és meu mestre e meu autor; ao teu exemplo devo, deslumbrado, o belo estilo que é meu só valor" (Inf. I, 85-87, C. M.).

Ato contínuo, Dante compartilha com Virgílio seu pavor em relação à loba esquálida, símbolo das ambições mesquinhas que, quanto mais saciada, mais gananciosa se torna, desgraçando a vida daqueles que, como ele próprio, pudessem cair nas garras desse vício. Gustave Doré, ao retratar essa cena, mostra-nos um Dante amedrontado escondendo-se atrás de Virgílio e olhando de soslaio para a fera que está quase em seu calcanhar, sendo que, acima de sua cabeça, galhos ameaçadores daquela selva lúgubre parecem querer sufocá-lo. Essa paisagem assustadora denota que ele está imerso numa ameaça mais próxima de seu íntimo do que ele mesmo suspeitava (Figura 3).

Virgílio lhe responde com sapiência estratégica: por um lado, sugere que Dante empreenda "outra viagem", significando tanto não trombar com a fera de frente quanto ir em busca da salvação divina; por outro, adverte-o de que essa prolífica besta só será esterilizada com a chegada do Veltro, uma pretensa figura mitológica, espécie de mastim-caçador versado na neutralização do mal. Esse poder saneador é logo estendido à Itália, que, assim, se libertaria dos vícios que a corroíam: aqui, somos introduzidos ao Virgílio profeta, interessado na redenção não só da individualidade, mas também da nacionalidade, bandeira que Dante incorporou com invejável ardor.

Significativamente, após vaticinar que a loba será banida para o Inferno, Virgílio incita Dante a acompanhá-la até lá para que ele presencie a dor e o sofrimento dos condenados e, por meio da identificação com eles, vislumbre o horror daqueles que não alcançam a salvação. É claro que esta é uma solução tendenciosa de Dante (autor) em benefício próprio, isto é, colocar-se como mero observador do sofrimento alheio; essa parcialidade repete-se, a seguir, quando ele aborda Virgílio, achando natural que, em nome "deste Deus que tu não conheceste [...] tu me conduzas lá onde disseste" (Inf. I, 131-133, C. M.).[4] Estamos, assim, diante de dois pesos e duas medidas: a respeitabilidade e a sabedoria de Virgílio deverão ser colocadas a serviço de Dante, mas não foram suficientes para granjear a sua própria salvação. De qualquer modo, quase hipnotizado por Virgílio, ele o acompanha "de olhos fechados".

Porém, refletindo melhor sobre a proposta de Virgílio, Dante, equilibrando-se entre a humildade e o temor, argumenta não ter a estatura de um Eneias, ou de um São Paulo, para visitar o Inferno em vida, sendo, então, severamente admoestado de estar cedendo à covardia. Só depois dessa reprimenda é que Virgílio lhe explica tê-lo acudido por solicitação de Nossa Senhora, Santa Lúcia e Beatriz, que o abordou no Limbo convencendo-o a ajudar o amigo perdido, seja com seu poder retórico, sua *parola ornata*, ou por representar a Razão que, na concepção aristotélica-tomista de Dante, encarnava a Virtude. Beatriz declara ser movida por amor e, de fato, ao contrário de Dante, mostra-se sensível e preocupada com a situação de Virgílio, garantindo-lhe que, ao retornar, intercederia junto ao Senhor a seu favor. Reconhecendo que as palavras de Virgílio "o desejo ardente no meu peito incutiram" (Inf. II, 136-137, C. M.), Dante cede à sua proposta, rematando sua decisão com solenidade: "Vamos, que ora é dos dois um só querer: tu condutor, tu senhor e tu mestre" (Inf. II, 139-140, I. E.). Dante expressa, assim, seu sentimento profundo de estar solidamente identificado e unificado com Virgílio numa comunhão suprema: a expressão em italiano é belíssima – "Or va, ch'un sol volere é d'ambedue", na qual a palavra *ambedue* exala um encanto especial em português, por não se inibir com a reiteração pleonástica do "casamento da vontade".

---

4 Tendo nascido antes de Cristo, como vimos, Virgílio não pudera ser batizado e, por isso, estava fadado a ser deportado para o Limbo.

Foi assim que Dante e Virgílio chegaram ao Portal do Inferno, o qual ostentava, majestosa, uma inscrição assustadora por alertar aos recém-chegados que, uma vez transposto, já se estaria no reino da justiça implacável e da dor eterna em que toda esperança deveria ser abandonada. Indagando a seu agora "condutor, senhor e mestre" o sentido dessas palavras enigmáticas, Dante escuta uma explicação perspicaz de que, dali em diante, é mister abandonar qualquer suspeita ou covardia.

É provável que Dante (autor) tenha se inspirado, aqui, numa famosa passagem do Canto VI da *Eneida*, no qual Eneias é advertido pela Sibila de que:

> *É fácil descer ao Inferno, dia e noite a porta de Plutão está aberta. Mas, voltar atrás e emergir do ar superior, isto sim é que é trabalho e que gera fadiga. Só uns poucos, filhos de Deuses, que Júpiter amava com benevolência, e que a virtude ardente levou ao Céu, puderam fazê-lo (Virgílio, [n.d.], p. 100).*

Impactado com a dureza da mensagem, Dante expressa sua aflição a Virgílio em busca de consolo, inaugurando, e ao mesmo tempo testando, a empatia que acabara de surgir: a resposta veio com um gesto paternal do mestre que, "Travando-me da mão, bondosamente, como a arrumar-me com seus movimentos, introduziu-me no secreto ambiente" (Inf. III, 19-21, C. M.).

A partir de agora, precisamos ficar atentos aos dotes ficcionais do Dante poeta e autor da *Comédia*, pois a dupla que adentrou o Inferno sofre uma transformação importante, passando a personagens da comédia (e da tragédia) humana, e é assim que deveremos encará-los. Mas isso só conseguiremos se pudermos suspender a nossa descrença, como diria Coleridge (1772-1834), quanto à capacidade de Dante de construir uma dupla de personagens com vida própria e, ao mesmo tempo, manter sua neutralidade de autor.

Assim, ao longo do Canto III, vemos Dante como um garoto assustado bombardeando o Virgílio-pai com solicitações de esclarecimentos a respeito da sinfonia macabra que os envolvia: "Línguas estranhas, gírias em profusão, exclamações de dor, acentos de ira, gritos, rangidos e bater de mão" (Inf. III, 25-27, C. M.), bem como a respeito do tipo de população submetida àqueles sofrimentos. Mal fora informado tratarem-se dos medíocres e omissos, abandonados no vestíbulo por terem sido barrados tanto no Céu como no Inferno, eis que Dante já aciona Virgílio com outra indagação concernente a um bando de almas tentando, atropeladamente, atravessar um rio. De repente, porém, cônscio de estar abusando do seu guia, Dante cala-se, baixa os olhos e o acompanha silenciosamente até a margem, sugerindo ter suspeitado de que sua ansiedade o tornara inconveniente.

Ao atingirem as margens do rio Aqueronte, linha demarcatória do acesso ao Inferno, encontram o demônio Caronte, que seleciona as almas que serão transportadas em seu barco para, finalmente, iniciarem o cumprimento de suas penas. Constatando a indevida presença de Dante vivo entre os mortos, ele denuncia a irregularidade, mas é advertido por Virgílio (funcionando, agora, como padrinho e advogado do inesperado visitante) de que ele está ali com autorização de Deus. Ao final, Virgílio explica a Dante que aquele bando de negligentes indolentes, fustigado por picadas de moscas e de vespas, teme, paradoxalmente, ser deixado para trás e sequer ter o "benefício" da punição. A essa altura, Dante já começava a reconhecer o quanto a experiência de Virgílio lhe era imprescindível e, significativamente, na hora de atravessar o rio, cai num sono letárgico, como quem preferisse deixar-se levar inconsciente para esse mundo assustador, no colo de seu Salvador e não pelas mãos de um demônio enfurecido que bradava: "Ai de vós, almas danadas! Nunca mais ireis ver de novo o Céu: Vou conduzir-vos já para o outro lado, ao fogo e ao gelo, sob o eterno véu!" (Inf. III, 83-87, C. M.).

No Círculo 1º do Inferno, o Limbo, Virgílio toma a frente para iniciarem a descida "ao cego mundo", mas Dante entrevê uma palidez na fisionomia do Mestre, tomando-a por medo; no entanto, a seguir, este esclarece tratar-se de piedade pelas pessoas ali presentes, crianças mortas sem batismo e as figuras notáveis do paganismo.

Virgílio, então, intui que Dante projetara nele uma angústia sua, ao perceber que aquela gente tinha um sofrer suspiroso, já que portadores de um pecado involuntário, o de não terem tido acesso ao batismo e estarem, assim, condenados a "arder em desejo, sem a esperança de saciá-lo" (Inf. IV, 43, H. D.). A angústia de Dante se exacerba face a esse destino inglório, levando-o a investigar, diante de Virgílio, alguma solução de exceção que pudesse livrar as figuras históricas daquela injustiça: Virgílio associa a sua própria chegada ao Limbo com a descida do Cristo poderoso, visando resgatar figuras como Adão, Abel, Noé e Moisés, dando a entender que ele também, em virtude de sua estatura moral, pudesse alcançar as graças da beatificação.

O estado de exceção confirma-se quando Dante enxerga um grupo de notáveis que refulgia, separado dos demais. Descobre tratar-se da nata dos poetas antigos, Horácio, Ovídio e Lucano, os quais, comandados por Homero, parecem aguardar a chegada de Dante e Virgílio. Fica implícito, nesse episódio, que o reconhecimento da excelência poética na terra poderia gerar uma espécie de indulto por parte do Tribunal Divino. Assim, Dante descreve-nos, com naturalidade, a sua inclusão entre os grandes, deixando escapar que, apesar das reiteradas manifestações de louvor a Virgílio, no fundo, considerava-se presunçosamente seu igual. Como prova de seu "batismo", Dante é conduzido à morada eterna dos poetas, um "nobre castelo" sete vezes circundado de muralhas (as sete artes liberais) e rodeado por um fosso (representando a eloquência) que eles atravessam altaneiros, comandados por Homero empunhando uma espada, símbolo da *poesia sovrana*, a poesia suprema.

Aliás, não contente com a paridade com os grandes poetas, Dante inclui-se, a seguir, no grupo dos sábios e dos heróis ao encontrar-se com Eneias, Heitor, Sócrates, Platão, Euclides, Ptolomeu e muitos outros. Ao criar, no Inferno, a imagem de um local prazeroso (*locus amoenus*) para acolher os pagãos virtuosos, claramente inspirado nos Campos Elíseos descritos por Virgílio, Dante demonstra uma admiração compassiva pelo confinamento no castelo-cidade daqueles que, por não poderem alcançar a Jerusalém Celestial, "sem esperança, vivem afogados no desejo" (Inf. IV, 43, T. A.).

Chegando no 2º Círculo, Dante e Virgílio são "recebidos" por Minos, rei e legislador de Creta, agora transformado em monstro rosnante que, colhendo a confissão dos pecadores, enrola seu rabo em volta do corpo de forma que o número de voltas defina onde a pena deverá ser eternamente cumprida. Na topografia dantesca, o Inferno é representado por um cone espiralado invertido no qual os círculos vão se aprofundando segundo a gravidade dos pecados.

Minos, como já o fizera Caronte, repreende Dante por ser um vivo dentre os mortos, advertindo-o de que ele não deveria entrar naquele recinto ingenuamente. Virgílio salta em sua defesa, mostrando ao monstro, com autoridade, que o trânsito por ali tinha sido autorizado pelo Todo-Poderoso. Este aval, no entanto, não se refere somente à vontade divina, mas também ao próprio engenho poético de Virgílio, que se infiltra no Dante autor produzindo um verso com uma cadência tal de modo a fazer o leitor se sentir, mimeticamente, caindo num abismo: "Cignesi con la coda tante volte / quantunque gradi vuol che giú sai messa" (Tantas vezes a cauda ia enrolando / tanto o grau abaixo que os mandava) (Inf. V, 11-12, C. M.).

Neste Círculo, o dos luxuriosos, Dante fica profundamente compungido com a malfadada história do amor adúltero e incestuoso de Paolo e Francesca de Rimini, mortos ao serem surpreendidos pelo irmão e cunhado. Virgílio percebe, no semblante do companheiro, sua perplexidade diante do "amor que conduz à mesma morte" e o interpela quanto a seus sentimentos: "Enquanto aquela sombra o triste amor lembrava, a outra gemia em desconforto, e quase à morte eu fui de tanta dor. E caí, como cai um corpo morto" (Inf. V, 139-142, C. M.). Nesse local, em que os réus carnais são fustigados por terríveis ventanias, Virgílio limita-se a deixar que Dante descubra, por conta própria, a natureza da dor de suas vítimas, o que acaba levando-o a desfalecer de compaixão. Ao mostrar-se inflexível na punição ao casal adúltero, Dante envereda por um paradoxo crucial, o de compreender sem perdoar, o que levou Borges (1984) a descrevê-lo como um "verdugo piedoso" na esteira de Virgílio, que, como veremos (Inf. XX, 27-30, H. D.), sugerirá que, no Inferno, "é virtuoso o que piedade não sente".

Aproveitando essa intrigante formulação de Borges, valeria a pena abrirmos um parêntese para entendermos melhor esse paradoxo que, no fundo, coloca em perspectiva a visão que Dante (sujeito psicológico) deixa transparecer ao longo de seu "romance de formação" a partir dos encontros pontuais que vai tendo com as almas no Mundo do Além. De fato, a psicanálise tem nos demonstrado que, quando duas subjetividades se encontram, cria-se um campo de forças que permite ao ego fortalecer sua individualidade, ter uma visão mais realista de um seu semelhante e, finalmente, ampliar suas interfaces com o mundo e seus personagens. Donald

Winnicott (1968) desenvolveu uma engenhosa teorização a esse respeito, sugerindo, paradoxalmente, que é a destruição fantasiosa do outro (que ele denomina objeto) que nos habilita a reconhecê-lo como um ser autônomo, fora do alcance de nossos desejos onipotentes e que poderá reagir tanto amigável quanto hostilmente. No caso ideal, se o objeto consegue suportar o "amor impiedoso" do sujeito, este se reassegura de que o mundo pode acolhê-lo com suas virtudes e seus defeitos, consolidando seu direito legítimo de existir segundo sua singular subjetividade.

Em síntese, Dante "usou" as almas e o próprio Virgílio como parâmetro para testar a sua bondade ou maldade, bem como aquela do mundo do qual eles são amostras, já que funcionam como juízes com vida própria a salvo do pensamento onipotente do poeta, que poderia moldá-las a seu bel-prazer.

Descendo ao Círculo seguinte, nossos poetas são unidos por uma percepção nebulosa ao pisarem, conjuntamente, em formas humanoides que chafurdam na lama aguardando o Juízo Final. Os gulosos, pois é deles que se trata, perdem suas carnes e seus contornos em função dos excessos para só recuperá-los quando o som da "angélica trombeta" vier despertá-los para se apresentarem ao Tribunal. Dante indaga a Virgílio se a admissão da culpa, após o julgamento, poderia causar um alívio ao sofrimento: a resposta invoca o princípio aristotélico de que, ao ter a imperfeição diminuída, o ser torna-se mais sensível, tanto ao bem quanto ao mal. Depreende-se, então, que a verdade dói, mas é gratificante e redentora.

Ao adentrar o 4º Círculo, o dos pródigos e avaros, a dupla de viajantes se depara com o monstro Pluto, sendo, mais uma vez, obrigados a confirmar a incipiente união: Virgílio exorta Dante a ir em frente, não se importando com as ameaças intimidatórias do "lobo maldito". A cumplicidade dos companheiros destoa do cenário que observam, no qual dois grupos, representando os vícios antagônicos da prodigalidade e da avareza, empurram pesos enormes, com o peito nu, até se chocarem e prosseguirem, repetindo o processo eternamente. Gustave Doré retratou essa cena com maestria, ressaltando o antagonismo pelo contraste entre enormes pedras que estão sendo roladas e míseras moedas espalhadas pelo solo (Figura 6). Por meio dessa cena paradigmática, Dante e Virgílio se qualificam como observadores dos eternos antagonismos humanos orquestrados pela Fortuna: coragem e covardia, diligência e apatia, luxúria e temperança, profano e sagrado, e, no caso de Florença, a sangrenta disputa entre os Guelfos, partidários do poder papal, e os Gibelinos, adeptos do poder imperial. Diante do Mestre, Dante não consegue conter sua perplexidade com os mistérios da justiça divina: "Ah, justiça de Deus! Por que és tão dura, que tantas penas crias como eu vi? Se o pecado com isto, inda perdura?" (Inf. VII, 19-21, C. M.).

Em sua obra *Convívio*, Dante define as virtudes morais como sendo os frutos que nos pertencem plenamente, já que sua produção está totalmente sob nosso controle, ecoando, assim, a definição que Aristóteles conferira à justiça, qual seja a do estado moral de ser justo tanto na intenção quanto na ação. Por vezes, as limitações da percepção humana podem fazer a justiça divina soar injusta, como explicado no Canto XIX, 58-63 (H. D.): "A visão dada ao homem espraia-se sobre a Justiça Sempinterna como o olhar distendido sobre o oceano: se junto da orla pode-se enxergar o fundo, no mar alto não se consegue – mas, sabe-se que ele existe, oculto pela própria profundidade".

Dirigindo seus olhares para baixo, os viajantes divisam seres imundos, nus e raivosos atolados no Estige, um pântano fervente que parece ressoar a cólera de seus habitantes. A cena foi magnificamente reproduzida na Gravura 16 de William Blake, na qual vemos um aglomerado de cabeças iradas coroadas por uma auréola de punhos cerrados (Figura 7). Para seguir caminho, as almas deverão ser alojadas numa embarcação manejada por Flégias para atravessar o Estige: nessa passagem, Dante descreve, com sutileza poética, o contraste entre o seu peso carnal e a imponderabilidade espiritual de Virgílio – "Meu guia entrou na barca incontinenti, depois fui eu; e só quando eu entrei foi que a mesma adernou ligeiramente" (Inf. VIII, 25-27, C. M.).

Ao encontrarem Filippo Argenti, um antigo desafeto de Dante, no Círculo dos coléricos, aquele tenta agredi-lo, mas é escorraçado por Virgílio, que o afugenta gritando: "Põe-te ao largo, cão danado!" (Inf. VIII, 43, C. M.). Nesse caso, constatamos uma superposição entre o autor e a figura histórica, já que a reação raivosa de Virgílio parece corresponder à projeção dos sentimentos de Dante contra um rival terreno. Isso se confirma na sequência, já que Virgílio o abraça e beija com intenção de desagravo, mas, mesmo assim, seu ódio vingativo persiste na medida em que ele expressa sua esperança de que "de bom grado veria a este indivíduo mergulhar no mais profundo, antes que de todo cruzemos este lago" (Inf. VIII, 52-53, H. D.). Conforme vaticinamos, o Dante personagem incorpora, aqui, o rancor e a raiva do Dante autor, mesmo tentando se justificar, como veremos a seguir.

Com esse intuito, Dante monta uma cena dramática para discutir uma complexa questão moral – a diferença entre a *ira bona* (a indignação legítima) e a *ira mala* (a cólera depravada). Segundo os registros históricos, a família Adimari, à qual Filippo pertencia, teria se apossado dos bens confiscados de Dante por ocasião do seu exílio, opondo-se, inclusive, veementemente, a qualquer iniciativa visando ao seu retorno. Nesse contexto, a atitude acolhedora de Virgílio parece corresponder aos anseios de Dante de ser moralmente desagravado: mesmo assim, ele radicaliza a punição ao desafeto o descrevendo como alguém arrogante que arrancava a própria carne a dentadas, símbolo, sem dúvida, da tendência autodestrutiva dos iracundos. Em resumo, a cólera de Dante (autor/personagem) seria justificável, mas a de Argenti, condenável: prova inequívoca de como é difícil manter-se imparcial no autojulgamento.

Chegando às portas de Dite, a morada de Lúcifer guardada por um bando de demônios, Virgílio é instado a abandonar Dante, que "neste imprudente reino foi entrando" (Inf. VIII, 90, C. M.). Ele, então, resolve se reunir em separado com eles para resolver a questão, enquanto seu pupilo é deixado em pânico, temendo ser abandonado à própria sorte. Angustiado, Dante expressa, com delicadeza, seu anseio de recuperar rapidamente a companhia do Mestre. Virgílio retorna revoltado com a arrogância dos demônios, que lhe bateram a porta na cara, mas, mesmo assim, incita Dante a não se abater com a audácia do inimigo, pois, ao final, tinha certeza de que teriam o trânsito liberado.

Pela primeira vez, mesmo que disfarçadamente, Virgílio deixa transparecer a Dante que também podia ser vítima de injustiças, mas, face ao medo dele, resolve disfarçar sua aflição, sendo traído, porém, por sua voz embargada. Desconfiado, Dante indaga-lhe se já havia estado naquelas paragens e fica sabendo que, numa dada ocasião, fora ali enviado pela bruxa Eritone para resgatar um morto que ela havia ressuscitado: ao final, Virgílio é taxativo – "Sei o caminho, estejas, pois, seguro" (Inf. IX, 30, I. E.), dissipando, com tranquilidade, as apreensões de seu seguidor.

Finalmente, graças à intervenção de um anjo, são admitidos no 6º Círculo, o dos heréticos, não sem antes serem interpelados por Proserpina, a Rainha do Inferno, e suas servas, as Erínias, ameaçando-os de serem petrificados caso se abandonassem à visão da Medusa. Generosamente, Virgílio adverte Dante do perigo e, além de ajudá-lo a virar-se de costas, cobre seus olhos com suas próprias mãos: nas belas palavras de Barbara Reynolds, "Virgílio o protege com tudo o que ele possui de sabedoria, arte e civilização" (2011, p. 208).

Em realidade, essa ameaça das Erínias (Tisífone = voz da ira, Aleto = a insaciável e Megera = a voz da controvérsia) tem um significado profundo, já que elas representam fatores maléficos que levam à desorganização mental, por gerarem o "mal pensare", o "mal parlare" e o "mal operare". Esse desarranjo no pensamento, na fala e na ação marca a transição entre o Inferno Superior, caracterizado pelos excessos (violência, cólera, luxúria etc.) e o Inferno Inferior, caracterizado pela malícia (sedutores, traficantes, falsários, ladrões, traidores etc.).

Chegam, assim, a um conjunto de tumbas abertas rodeadas de chamas e de onde saíam gritos de agonia. Diante daquele cenário, Dante pergunta a Virgílio se poderia conversar com alguém que estava no interior das tumbas, sem revelar, no entanto, de quem se tratava: Virgílio responde afirmativamente, mas o repreende por ocultar a identidade de quem pretendia interpelar. Dante explica que sua intenção não era ocultar, mas ser breve: "Bom mestre, se algo te escondi do meu pensar o foi por brevidade; há muito esta arte, lendo-te, aprendi" (Inf. X, 19-21, C. M.). Resposta diplomática, manobra dissimuladora ou simples gratidão?

O interesse de Dante estava dirigido a Farinata degli Uberti, importante chefe militar dos gibelinos de Florença, que lhe prevê uma série de desgraças que o esperavam caso retornasse à sua terra natal. Paralelamente, depara-se com Cavalcante dei Cavalcanti, pai do poeta Guido Cavalcanti, seu velho amigo, o qual se mostrou surpreso por seu filho não o acompanhar. Dante, num arroubo de altivez, responde estar agora acompanhado de Virgílio, insinuando que Guido, na terra, não lhe dera o devido valor. Dante interpela Farinata quanto a seus dotes premonitórios, sendo esclarecido de que as almas, como os hipermetropes, conseguiam enxergar o futuro que estava longe, mas não os fatos do presente. Dante dá a entender que, neste particular, estava em vantagem em relação ao arrogante Farinata, pois contava com a "visão momentânea" de Virgílio.

Aproveitando uma pausa, Virgílio resolve fazer a Dante uma preleção sobre os três Círculos seguintes, nos quais se punem a violência, a fraude e a traição. Dante mostra-se surpreso que tais pecados fossem punidos no interior das muralhas da morada de Lúcifer, enquanto os outros que ele observara, os dos iracundos, dos luxuriosos, dos gulosos, dos pródigos e dos fracos, estranhamente, ficassem de fora. Virgílio adverte Dante sugerindo que ele esquecera os preceitos da Ética de Aristóteles, segundo a qual aqueles outros pecados eram de menor importância. Dante exclama: "Tua lição é, como o Sol: aclara minha vista embaçada. Tanto bem me fez a explicação que a dúvida se transformou em deslumbramento. Assim encorajado, peço expliques como a usura ofende a Deus violando a lei celeste" (Inf. XI, 91-96, H. D.). Ressabiado com a repreensão, Dante resolve acalmar Virgílio cobrindo-o de elogios exagerados, mas aproveita para embutir em sua apologia uma nova indagação a respeito da natureza da usura. Agora sim, pode--se dizer, a resposta de Virgílio é deslumbrante, pois ele sugere que a arte dos homens, quando é fiel aos ensinamentos da natureza (que é filha de Deus), torna-se neta de Deus: o usurário despreza os bens naturais como fonte de riquezas, preferindo extrair o dinheiro do dinheiro, aquilo que São Tomás de Aquino chamou de "nascimento espúrio".

Na etapa seguinte, o 7º Círculo, guardado pelo Minotauro, encontram-se os violentos contra o próximo (tiranos, assassinos e assaltantes) imersos em sangue fervente, segundo a proporção da gravidade do delito. Divisam na paisagem várias Esquadras de Centauros que, armados de arco e flecha, dirigiam os condenados às suas penas. Três deles indagam aos poetas o porquê de sua presença ali, mas Virgílio, reconhecendo entre eles Quíron, o sábio preceptor de Aquiles, dirige-se a ele tendo o cuidado de postar-se na altura de seu peito, ou seja, no ponto em que o homem se transmuta em cavalo. Percebendo que o centauro tinha detectado a materialidade de Dante, Virgílio explica-lhe a situação:

> Ele vive, e a mim incumbe mostrar-lhe o vale maldito. Necessidade e não prazer movem-no [...] Não é ele um condenado nem eu sou um perdido. Em nome, pois, daquele Poder pelo qual perlustro estas hórridas estradas, destaca um de teus centauros para nos mostrar onde atravessar o rio sangrento e para levar a este na garupa, pois não é alma que possa voar (Inf. XII, 85-96, H. D.).

Dante oferece-nos, nessa passagem, uma bela imagem especular contrapondo, de um lado, a confluência da vida com a morte e, do outro, a confluência do humano com o animal. Esse último aspecto é ilustrado pelo gesto de Quíron, que, para falar, afasta a barba que lhe encobria a boca, usando para isso sua flecha: é a fala, atributo humano e instrumento da cultura, a substituir o crescimento biológico dos pelos animais, comandado, como sabemos, por forças instintivas e irracionais.

Defrontando-se, a seguir, com os violentos contra si, os suicidas e os perdulários, ambos adentram uma floresta tenebrosa habitada por Harpias ameaçadoras, e Dante é advertido por Virgílio de que presenciará coisas, sem acreditar nas explicações que lhe serão oferecidas. Ouvindo prantos e gemidos sem enxergar quaisquer pessoas, Dante julgou que elas estivessem escondidas atrás dos troncos, mas tem sua suposição contestada por Virgílio, que o desafia a arrancar um galho do espinheiro. Ao fazê-lo, o ramo cobriu-se de sangue e exclamou: "Por que me feres? Não possuis um mínimo de piedade? Em tempos idos fomos homens, hoje somos lenhos, mas ainda quando fôssemos almas de serpentes, menos cruel deverias ter a mão" (Inf. XIII, 33-39, H. D.).

Assustado, Dante deixa cair o galho machucado enquanto Virgílio deplora diante da "vítima" ter precisado induzir seu pupilo a "ver para crer": estava se referindo ao fato de que, na *Eneida*, ele narrara o caso de Eneias, que, ao arrancar algumas ervas do túmulo de Polidoro, passara por um susto semelhante. Instado a inquirir a identidade da "árvore", Dante fica sabendo tratar-se de Pier della Vigna, conselheiro de Frederico II, que, tendo sido preso e injustamente acusado de traição, suicidou-se. Dante, como Virgílio, também se penaliza com seu sofrimento, comprometendo-se a defender sua honra quando retornasse à terra. Virgílio, no entanto, faz prevalecer sua soberba assumindo postura pedagógica e invocando sua obra-prima, a Eneida; já Dante abandona a postura de "verdugo piedoso" e mostra-se empático com o injustiçado, não só por sentir-se escorraçado de Florença, mas, possivelmente, por sentir que a feitura da *Divina Comédia* o tivesse salvado de impulsos suicidas. Fora essa a lição de descrença que Virgílio antecipara para Dante, que, apesar de assíduo leitor do Mestre, viria a sucumbir emocionalmente à dramaticidade daquela metamorfose.

Num areal ardente assolado por chispas de fogo, surgem, agora, os pecadores contra o Eu natural: deitados estão os blasfemos, sentados, os usurários e, num deslocar contínuo, os sodomitas. Dante observa um espírito altivo que, com uma estudada insolência, parece brincar com o fogo que o envolve, fazendo questão, ao notar o interesse dos visitantes por sua pessoa, de apresentar-se como Capâneo, Rei de Tebas, que morrera fulminado pelos raios enviados por Vulcano, o ferreiro de Júpiter. Com arrogância, a alma flagelada faz questão de desafiar o Deus, duvidando que seu arsenal de raios possa acabar com ele. Virgílio a critica com uma indignação inédita para Dante: "Capâneo, a quem a morte não diminuiu a soberba: sofres por isso a maior pena. Não há castigo igual ao teu, nem se concebe punição capaz de cobrar tamanha fúria" (Inf. XIV, 63-66, H. D.). Notando que se inflamara, chocando a Dante, dirige-se então a ele num tom mais brando, ou seja, *con miglior lábia*: "Agora me acompanha, e tem cuidado de não pisar onde a areia incandesce, seguindo sempre deste bosque ao lado" (Inf. XIV, 73-75, I. E.). Com essa descrição espontânea das oscilações de humor da alma humana, projeção de como o seu próprio espírito transita naturalmente do moralista implacável ao psicólogo paciente, Dante nos ilumina novamente este misterioso território que constitui a fronteira entre o Eu e o Outro, e a área sombreada que permeia o espaço entre o desamparo e a onipotência.

Realmente, Dante descobre que a "areia que incandesce" era atravessada por um riozinho rubro, porém imune às chamas, e por isso comparado às águas termais do Bulicame, que mantinham sua pureza ao atravessar Viterbo, apesar de a cidade ter-se transformado num ninho de prostitutas. A mensagem pedagógica do Mestre é que, mesmo no deserto apodrecido pela arrogância invejosa, ou pela simples devassidão, é possível caminhar por vias impolutas que nos protejam de toda contaminação. Aproveitando a oportunidade, Virgílio explica a origem mitológica dos rios infernais nascidos a partir da figura do Velho de Creta, símbolo da Humanidade, cujas lágrimas vão formar o Aqueronte, o Estige e o Flegetonte, enregelando-se no ápice para criar o Cocito, a morada de Lúcifer, "o verme que perfura o mundo".

Dante (autor) nos apresenta, aqui, o entrecruzamento de vários níveis alegóricos: a exaltação de Virgílio com Capâneo, abrandada diante de Dante; a forte tonalidade do Flegetonte, neutralizando a ardência do areal; as lágrimas dos Deuses transformadas em rios infernais, e assim por diante. Esses elementos contrastantes prepararam o cenário para o encontro de Dante com seu antigo mestre, Brunetto Latino, já que, apesar da imensa gratidão a ele devotada, sua inserção como sodomita no poema é algo controvertido ou mesmo contestado pelos críticos. A importância do assunto justifica uma pequena digressão histórica.

Há um certo consenso entre os estudiosos de que as grandes influências de Dante foram Virgílio, Guido Cavalcanti (c. 1260-1300) e Messer Brunetto Latino (c. 1220-1294). Esse notório diplomata, escritor, tradutor e filósofo mantinha em Florença uma escola que foi frequentada por Dante e onde ele foi apresentado a Cícero, à Ética de Aristóteles e à teologia de São Tomás de Aquino. Dentre as preciosidades que Brunetto transmitiu a Dante, estava a tradução feita por Afonso X, o Sábio, Rei de Castela e Imperador-eleito dos Romanos, do "Il Libro della Scala", um poema contendo uma visão onírica na qual Maomé, falando em primeira pessoa ("Ego"), relata sua visita ao Outro-Mundo guiado pelo Arcanjo Gabriel. Lá chegando, encontrou sodomitas e professores relapsos voando na garupa de um ser fantástico. Sendo guelfo, Brunetto teve de abandonar Florença em 1260, após a derrota de Montaperti, exilando-se em Paris, onde escreveu o seu famoso "Tesouro", uma espécie de enciclopédia reunindo os conhecimentos da época nas áreas de filosofia, ciências naturais, história e astrologia. Na condição de "copiador", difundiu "Le Roman de la Rose", de Guillaume de Lorris e Jean de Meung, composto por visões oníricas à moda de Ovídio:

Então, afastei-me de tudo e, num rico manto, vi o grande Ovídio que coletou os Atos de Amor, tão diversos, colocando-os em verso [...] e me respondendo em italiano que a força do amor é desconhecida para quem não a experimenta: "Portanto, se lhes interessar, olhem para o interior de vossos corações em busca do bom e do magnânimo, do mal e do errôneo, que emanam do Amor" (Holloway, 1993, p. 228).

Foram textos dessa natureza que instigaram Brunetto e, posteriormente, Dante a apresentarem suas visões oníricas em primeira pessoa.

Mas, para avaliarmos a importância de Brunetto na formação de Dante, nada como seu próprio testemunho:

Se dependesse de meu desejo, vós ainda não teríeis sido expulso da condição humana, pois sua querida imagem paterna está viva em minha lembrança, desde quando me ensinastes na terra o caminho para o homem se imortalizar. Enquanto eu for vivo, minha voz sempre expressará minha gratidão (Inf. XV, 82-87, T. A.).

A presença de Dante entre Brunetto e Virgílio nos é relatada com muitas sutilezas, tendo em vista seu cuidado para não gerar ressentimentos entre os mestres tão queridos. Dante não consegue disfarçar a enorme satisfação de encontrar Brunetto; este retribui chamando-o repetidamente de *figliol mio* (querido filho) e se desgarrando do grupo de almas que o acompanhava. Dante deseja prolongar sua estadia com ele, mas não se descuida, respeitosamente, para que isso não melindre Virgílio: mais ainda, faz questão de explicar que, "Antes de haver na Terra o meu tempo de vida cumprido, vi-me perdido em vale desolado. Ontem pela madrugada pude deixá-lo, quando este que vai comigo me socorreu e me reconduz à casa por singular caminho" (Inf. XV, 49-54, H. D.).

Brunetto mortifica-se por ter morrido antes de poder dar a Dante conselhos que não o deixassem vulnerável nem a perseguições, nem às tentações do pecado. Nessa altura, Dante já está se equilibrando para valorizar igualitariamente as ajudas provenientes de ambos os mestres. Como fecho dessa intrincada colaboração, o próprio Virgílio sugere a Dante anotar as profecias que Brunetto lhe fizera a respeito do seu infausto futuro, na expectativa de que o encontro com Beatriz melhorasse sua sorte.

Um pouco mais adiante, três outros eminentes sodomitas florentinos abordam os viajantes, levando Virgílio a convidar Dante a tratá-los com cortesia. Reconhecendo Guido Guerra, Tegghiaio Aldobrandi e Jacopo Rusticussi, Dante ensaia abraçá-los, mas contém-se para não se queimar, mesmo reconhecendo que seu Mestre, com certeza, perceberia seu arroubo nostálgico: "Se do incêndio estivesse eu ao abrigo, ter-me-ia por certo a eles juntado, e creio o tolerasse o mestre amigo" (Inf. XVI, 46-48, C. M.). Além do mais, teve o cuidado de explicar a eles não se tratar de desprezo, já que os tinha em alta conta: "Bastou que o guia meu aqui dissesse uma palavra só, e eu ponderei que gente éreis assim que não se esquece" (Inf. XVI, 55-57, C. M.). Eis uma passagem em que Virgílio funciona como memória e consciência de Dante, convidando-o a mostrar-se complacente com aqueles que, independentemente de sua orientação sexual, defenderam Florença com dignidade. Hoje, essa postura também seria elogiada como exemplo de autêntica inclusão social. (Cena ilustrada pela Figura 8, de William Blake, em que as três almas giram num redemoinho de fogo.)

Emocionado com o infeliz destino de seus compatriotas, num gesto de superioridade, Dante resolve confidenciar a eles que, malgrado a promessa de Virgílio de ajudá-lo a reencontrar a virtude, seria preciso completar o giro pelo Inferno: "Fugindo ao mal, ao fruto vou dourado que o Mestre me promete verazmente, mas só depois de ao fundo haver baixado" (Inf. XVI, 61-63, C. M.).

Chegados à beira de um precipício, Virgílio requisita uma corda que Dante levara atada ao corpo e a lança no abismo, despertando nele o pensamento de que seu Mestre pretendia, com aquele gesto, "pescar" algo especial. Virgílio "lê" o pensamento do discípulo e se apressa em alertá-lo que: "É para logo a aparição do que eu espero e ao que tua mente mira e vai logo surgir à tua visão" (Inf. XVI, 121-123, I. E.). A lição extraída por Dante do episódio é de que precisamos nos acautelar diante daqueles que penetram em nossos pensamentos, mesmo sem a ajuda de evidências concretas, já que não é fácil dissimular a sinceridade. A seguir, porém, entendemos por que Dante guardou para si seus pensamentos: sua discrição foi proporcional ao absurdo da aparição fantástica que ele imaginou poder ocorrer. Sua cautela apoiava-se no princípio de que "O homem discreto evita sempre dizer a verdade quando ela venha a parecer mentira, a fim de não ser injustamente tido por mentiroso" (Inf. XVI, 124-126, H. D.).

O ser fantástico que emergiu das profundezas do abismo foi Gerião, um monstro com rosto de um homem justo, patas de leão, tronco de uma serpente alada e cauda bifurcada como a de um escorpião. Essa composição anômala simboliza a fraude em função das contradições que suscita: sua face confiável contrasta com o ferrão venenoso; a realeza do leão surge como antítese à serpente traiçoeira. Por isso, sua função é ser o guardião do Malebolge, o círculo dos fraudulentos.

Para espanto de Dante, Virgílio acena para a fera convidando-a a apoiar seu tronco e sua cabeça no caminho pedregoso em que eles se mantinham protegidos da chuva de fogo e da areia abrasada, e a cauda disforme ficou suspensa no abismo. Essa imagem expressiva que dissocia a fera numa parte inofensiva, convidada a aproximar-se, e noutra perigosa, mantida a distância, representa o imemorial conflito entre razão e paixão, como veremos a seguir.

O plano de Virgílio era que ambos pudessem aboletar-se no dorso da fera para descer ao 8º Círculo, por meio de um voo cego, mas, ao mesmo tempo, imune às restrições de tempo e espaço. O Gerião de Gustave Doré (Figura 9) se utiliza de asas pré-históricas para planar no abismo assustador, enquanto Dante se esforça para equilibrar-se em seu dorso segurando-se no seu Mestre. Este, cioso da fragilidade do pupilo, coloca-o à sua frente, mas, mesmo assim, ele começa a tremer qual maleitoso até que, envergonhado, procura se controlar e, para tanto, "Valeu-me aquela vergonha que muita vez, ante o bom senhor, faz o servo corajoso" (Inf. XVII, 89-90, H. D.). Dante, diante do perigo, regride a uma condição de aprendiz obediente, humilde e desamparado.

Ao comparar o descontrole que afligia Dante (personagem) com aquele que assombrara Fáeton, filho de Apolo, e Ícaro, filho de Dédalo, o autor da *Comédia* está fazendo uma alusão velada às duas principais transgressões do mundo grego, a *hybris*, ou desmesura, e a *hamartia*, ou descarrilamento, ambos consequentes ao excesso de entusiasmo ou de confiança, ou seja, ao excesso de paixão. Diante dessas ameaças, um Dante assustado, mais uma vez, procura se recompor: "Receei, por vezes, ser lançado fora; mas vislumbrando o fogo e ouvindo o pranto, procurei sustentar-me, a custo embora" (Inf. XVII, 121-123, C. M.).

Podia-se pensar que a intenção de Virgílio, ao fazer Dante cavalgar a Fraude, seria testar sua capacidade de resistir à trapaça e à falsificação. Apesar de não possuirmos qualquer evidência histórica quanto à natureza do desvio moral que teria afastado Dante do bom caminho, ele, com certeza, deve ter sido tão vítima do descontrole amoroso quanto os pecadores que encontrou no Inferno. Por isso, é interessante notarmos que o Canto XVII se encerra com a alegoria do falcoeiro tentando controlar seu falcão com o recurso do chamariz, um simulacro de um pássaro em voo que visa atrair o falcão ou a ovelha desgarrada de volta à sua base (podemos entrever, aqui, uma alegoria da dialética entre o mestre e o discípulo que a ele retorna após uma incursão investigativa).

As referências a Apolo, Dédalo e o falcoeiro caracterizam instâncias racionais que procuram controlar os arroubos dos jovens ou a liberdade excessiva dos instintos animais. Nesse embate, aprendemos com ajuda da psicanálise que, frequentemente, a razão é escrava da paixão, mas que, eventualmente, a paixão também pode ser escrava da razão. Com sua experiência e sua racionalidade, Virgílio aproveitou-se do lado bom de Gerião para conduzi-los ao seu destino, sabendo que, para tanto, era suficiente não se deixar ferroar pelo veneno das paixões. Assim, fica sugerido que, tivesse Dante contado em sua vida terrena com um mentor como Virgílio, talvez não tivesse perdido o seu rumo e passado por tantas provações, mas, talvez, também não tivesse se socorrido de sua Musa para sublimar seu sofrimento sob forma de poema.

Ao se defrontarem com os simoníacos, os traficantes das coisas sagradas, com as cabeças enterradas em buracos e as pernas para fora castigadas pelas chamas, Dante é atraído por uma alma agitada e Virgílio "lê", em sua expressão, seu desejo de se certificar a respeito de quem estava sofrendo naquela cova. Por isso, a reafirmação de sua gratidão: "Sempre me deleita aquilo que lhe agrada: o senhor comanda pela força de seus desejos e pelo poder de desvelar minha intimidade" (Inf. XIX, 37-39, T. A.).

Dante reconhece ser o sofredor o Papa Nicolau III, que o confunde com o Papa Bonifácio VIII, achando que este, que deveria substituí-lo em sua fossa, já tinha chegado. Mais uma vez, o Dante autor assume a função de justiceiro divino, mandando para o Inferno alguém que julgava corrupto e venal. No entanto, o Dante personagem fica confuso, sendo socorrido por Virgílio, que não suportou vê-lo desamparado:

Quedei-me como aqueles que, no ar,
não entendendo o que lhes é narrado,
ficam confusos, sem poder falar.

*"Responde já" disse Virgílio ao lado,
"que não és quem supõe, que se enganou";
e eu fiz assim como me foi mandado
(Inf. XIX, 58-63, C. M.).*

À medida que o papa simoníaco foi destilando seu *mea culpa*, Dante infla sua veia de Orator, de um mestre e advogado da fala (*maestro e avogado del parlare*), e, esgrimindo a arte da retórica, aproveita para fazer um desabafo crítico em relação aos papas que, com sua cobiça, acabaram corrompendo a Igreja. Virgílio, encantado com essa eloquência apostólica digna de São Pedro, acaba por abraçá-lo: "Não escondia o mestre o seu agrado, com atenção profunda acompanhando meu discurso veraz e apropriado. Nos fortes braços foi-me ali alçando, e, após trazer-me ao flanco seu pungido, subiu por onde fora, regressando" (Inf. XIX, 121-126, C. M.).

Há, no entanto, um sentido alegórico na discussão que o Dante poeta introduz sobre a arte de simoniar (*simoneggiare* – Inf. XIV, 74): quando o ser humano adentra o terreno do autoengano, imaginando ser quem não é, não estaria ele traficando com algo sagrado? Por isso, Virgílio instruiu Dante a, prontamente, oferecer a Nicolau III sua verdadeira identidade, isentando-se, assim, de ser confundido com seu maior desafeto, o Papa Bonifácio VIII.

Na 4ª vala, os poetas reconhecem os adivinhos punidos por ousarem enxergar além dos recursos humanos naturais. Seguindo a lei do contrapasso, que manipula o feitiço para fazê-lo voltar-se contra o feiticeiro, as almas ali lotadas tinham as cabeças voltadas para trás, obrigando seus portadores a caminhar recuando: a ousadia de adivinhar o futuro é punida com a pena de ser feito prisioneiro do passado. Arrasado diante da crueldade de tal pena, Dante passa a soluçar apoiado num rochedo, sendo duramente criticado por Virgílio: "És, como os demais, insensato? Aqui, é virtuoso o que piedade não sente – pois quem pode ser tão perverso quanto o que se apieda do mal castigado pela justiça divina?" (Inf. XX, 27-30, H. D.). Moral da história: no Inferno, é preciso acatar os ditames da justiça divina sem se deixar abater pela comiseração pessoal, já que, como exposto no Paraíso (XIX, 67-90), mesmo a justiça terrena está identificada com a Vontade de Deus. (A psicanálise ecoa esse enunciado ao se propor a privilegiar o conhecimento que emerge das vivências espontâneas de amor e ódio, em detrimento de posturas politicamente corretas.)

Chegando à 5ª vala, deparam-se com os trapaceiros e os corruptos mergulhados em piche fervente. Cruzam com um demônio negro que transporta um pecador em direção ao sacrifício: "O seu aspecto era feroz, horrendo. E sua vista nos intimidava, o passo cobrindo, as asas distendendo" (Inf. XXI, 31-33, C. M.). Arrogante, o demônio os ameaça com o mesmo destino daquela vítima, levando Virgílio a ocultar Dante atrás de uma pedra e, ato contínuo, a enfrentá-lo com destemor, exigindo a presença de um representante dos Malebranches (garras malignas), como eram denominados os demônios daquela região.

Ao dirigir-se a Malacoda (cauda maligna), o representante enviado, Virgílio, não só invoca a imunidade que lhe é conferida pelo Poder Superior, mas também se contrapõe ao vício que é ali punido, não demonstrando qualquer intenção de seduzi-los ou corrompê-los. Estabelecido que não seriam importunados, Dante abandona seu esconderijo, mas apavora-se diante dos demônios vociferantes, só se acalmando quando Virgílio o convence serem os pecadores o alvo daquelas imprecações. Escoltado a contragosto por dez demônios, Dante, finalmente, parece ter aprendido a "dançar conforme a música", ao admitir que, afinal das contas, "na igreja reza-se com os devotos e na taberna come-se com os glutões" (Inf. XXII, 14-15, H. D.).

Em seguida, nossa dupla de poetas presencia uma cena inusitada: um dos trapaceiros, Ciampolo, usando sua malícia, consegue não só escapar dos demônios, mas também acaba induzindo dois deles a brigarem e mergulharem no alcatrão para sofrer o castigo em seu lugar. Foi assim que ambos conseguiram se livrar dos demônios truculentos, despedindo-se deles com ironia: "E noi lasciammo lor cosi impacciati", ou seja, "E assim nós os deixamos entalados" (Inf. XXII, 151, I. E.). O contraste nessa cena é claro: enquanto os demônios se engalfinhavam na ânsia de maltratar os pecadores como "ratos nas garras de gatos cruéis", nossos viajantes escapam na surdina divertindo-se por eles terem sido enganados.

Dante lembra-se da fábula de Esopo na qual a rã engana o sapo, associando-a à armadilha na qual os demônios tinham caído; mas, imaginando o quanto teriam se sentido humilhados, apavora-se diante da perspectiva de vingança. Transmite sua apreensão a Virgílio, que, com elegância, concorda com ele: "Se eu fora espelho, não refletiria tão claramente a tua imagem quanto vejo estampado o que tens na alma. De forma tão exata o teu pensamento coincide com o meu, que um só se fazem os dois pensares" (Inf. XXIII, 125-127, H. D.): sem dúvida, um belo enunciado de que, quando duas mentes comungam da mesma experiência emocional, os pensares se unificam amorosamente como se estivessem refletidos no mesmo espelho.

Evocando uma mãe diligente prestes a salvar um filho do incêndio, Virgílio colocou Dante no colo e, protegendo-o em seu seio, escorregou ágil pela ribanceira até atingirem o fundo da 6ª vala, onde se depararam com uma incrível procissão. "Rapidamente, o guia tomou-me nos braços, qual mãe que despertando se vê cercada por violento incêndio e, apertando o filho contra o seio, foge tão apressada que nada além da camisa lhe cobre a nudez" (Inf. XXIII, 37-43, H. D.). Na imagem de Gustave Doré (Figura 10), os dois poetas estão em primeiro plano a observar uma fila infindável de seres encapuzados, curvados sob um manto dourado que só disfarçava o chumbo que compunha o seu interior (essa é a imagem que podemos vislumbrar em nossa imaginação, já que as gravuras aparecem em branco e preto). Essas figuras representavam a dupla natureza dos hipócritas, portadores de um caráter exterior reluzente, mas tentando esconder uma essência sombria que acabava transparecendo nas faces maceradas e no lento caminhar.

O difícil acesso à 7ª vala, só obtido mediante o perigoso equilíbrio entre rochas em ruína de uma ponte, arrefeceu o ânimo dos caminhantes, gerando, a seguir, um vivo jogo de emoções. Virgílio pedira orientação a um hipócrita de Florença, Frei Catalano, e, nesse momento, irrita-se ao perceber que Malacoda tinha lhe enganado fornecendo-lhe a orientação errada quanto ao prosseguimento da sua jornada. Ao perceber que Dante notara sua preocupação, Virgílio recobra uma doce serenidade e inicia a escalada, tentando transmitir segurança sem, no entanto, conseguir impedir o desalento do companheiro, que já se declarava vencido.

Postergando o próprio desânimo, Virgílio concentra-se em estimular os brios de Dante:

> *Coragem! Não é cedendo ao ócio, nem se refestelando sobre plumas que se conquistam os prêmios ao valor. Aquele que à inatividade se entregar, de si deixará sobre a terra memória igual ao traço que o fumo risca no ar e a espuma traça na onda. Supera a fadiga, vence o torpor, recobra o ânimo, que das vitórias sobre os perigos, a primeira é a da vontade sobre o corpo (Inf. XXIV, 46-60, H. D.).*

Ouvindo esse sermão, Dante reage altaneiro: "Sigamos! Sobram-me forças e ousadia!".

Dante respira fundo e prossegue por um caminho ainda mais acidentado, e, para proteger-se da angústia ainda presente, "distrai-se" com uma voz irada e lamentosa vinda das profundezas. Sugere, então, a Virgílio que desçam para poderem verificar de quem se trata. Este lhe responde aquiescendo, mas aproveitando, também, para lhe transmitir uma lição de vida: "Respondo-te obedecendo: não se deve acolher uma proposta honesta com promessas, mas fazendo" (Inf. XXIV, 76-78, C. M.). Nessa intervenção pedagógica, temos exaltada uma ação que é consequência do pensar em contraste com a ação que funciona como prelúdio ao pensar, ou mesmo à ação que visa tão somente expulsar uma frustração.

Completada a travessia, deparam-se com uma multidão de réus, no caso ladrões, que, nus e agitados, eram mordidos por serpentes entrando em combustão, reduzindo-se, assim, a cinzas que, milagrosamente, se juntavam recompondo a forma original. Vemos, portanto, que Dante (autor) aplica a metáfora da Fênix, tanto para referir-se à recuperação do ânimo dos viajantes quanto para aludir à impossibilidade de regeneração dos delinquentes, fadados sempre a retornarem mecanicamente à forma transgressora.

Atingindo uma ponte sobreposta à vala seguinte, Dante extasia-se com uma multidão de almas agitadas envoltas em chamas e confinadas na região dedicada à punição dos conselheiros fraudulentos. Indagado a respeito de uma chama bipartida, que o próprio Dante associa à punição conjunta dos irmãos Etéocles e Polinices, que se mataram num duelo, Virgílio informa tratar-se dos heróis gregos Ulisses e Diomedes, que, com suas artimanhas, causaram a ruína de Troia.

Dante mostra-se impaciente para inquirir aquela chama bifurcada, perguntando a Virgílio se teriam como responder do interior daquela cortina de fogo. Intuindo que Dante estava curioso em saber a respeito do destino de Ulisses, Virgílio oferece-se para fazê-lo em seu lugar, argumentando que seu grande prestígio poético teria mais chance de calar fundo nos interlocutores. Há, aqui, uma interessante dissociação entre a humildade do Dante personagem e o atrevimento do Dante autor: a dupla chama representaria, por um lado, a visão de Virgílio, que, na *Eneida*, descreve Ulisses como um guerreiro ardiloso e sacrílego, e, por outro, representaria a versão inventada por Dante, para quem o herói grego não volta para casa após seu encontro com a feiticeira Circe como proposto por Homero, mas lança-se miticamente a explorar os mistérios do mundo:

> *Quando me despedi de Circe, cujos encantos me prenderam mais de um ano em Gaeta, nem a ternura por meu filho, a piedade por meu velho pai, nem a pureza do amor à alegre Penélope puderam vencer o ardor que me impelia a conhecer o mundo, bem como os vícios e virtudes humanas (Inf. XXVI, 91-99, T. A.).*

Parafraseando Voltaire, que sugeriu, ironicamente, que "Se Homero fez Virgílio, foi o que fez de melhor", talvez pudéssemos dizer que Dante teria sido "aquilo que Virgílio fez de melhor".

Cria-se, assim, um cenário para contrastar três tipos de parcerias: a rivalidade entre os filhos de Édipo ilustraria a ambição fratricida, enquanto o ardil conjunto dos guerreiros gregos representaria a transgressão solidária. E, pairando sobre as duas duplas, temos a cooperação de Dante com Virgílio, a prevalência da ousadia transgressiva do filho sobre a experiência comedida e ponderada do pai.

Talvez, até, pudéssemos entender o contraste entre as modalidades de parceria como um elemento-chave da *Comédia*, já que a colaboração sincera entre os dois poetas acaba se constituindo em pano de fundo para as precárias oscilações humanas entre o legítimo e o espúrio, como no aconselhamento de Guido de Montefeltro ao Papa Bonifácio VIII. De fato, o valoroso cavaleiro lombardo confessa a Dante que, mesmo depois de tentar pagar seus pecados vestindo o hábito franciscano, foi aliciado pelo Papa, que lhe solicitou uma estratégia para derrotar os cardeais Colona, seus desafetos. Inebriado pela perspectiva de absolvição, Guido deixa-se corromper sugerindo ao Papa tratar seus inimigos de forma traiçoeira, ou seja, acenar com o perdão como manobra protelatória, já pretendendo descumprir a promessa: "Enquanto tive um corpo, e fui vivente,/ mais a raposa eu imitei traiçoeira,/ nos atos meus, do que o leão valente" (Inf. XXVII, 73-75, C. M.).

Caído em desgraça, Guido, na condição de franciscano, é socorrido por São Francisco, que, penalizado, resolve buscar sua alma. Um dos anjos maus, no entanto, que já o tinha preso em suas garras, impede esse gesto de compaixão, denunciando a hipocrisia de se pretender uma absolvição sem arrependimento. Dante (autor) nos mostra, aqui, a prevalência do bom senso sobre o perdão irrestrito, ou seja, expõe sua visão de que a justiça do demônio também tem seus direitos, ponto de vista que, talvez, não fosse compartilhado pelo Virgílio personagem.

No Canto XXVIII, os peregrinos chegam à vala em que os intrigantes, os causadores de cismas e os fomentadores da cizânia giram constantemente, sendo mutilados pela espada de um demônio. Seguindo a lógica do "olho por olho e dente por dente", os condenados vão tendo decepadas as partes do corpo responsáveis pelas discórdias, como a mão, a língua, a orelha; além do mais, ao se afastarem, as lesões se cicatrizam tão somente para serem reabertas na volta seguinte. Mas, de todos os episódios relatados, o mais horripilante foi o do famoso trovador Bertram de Born, que, passando pela Inglaterra, incitou o jovem Henrique III a rebelar-se contra o pai, Henrique II. Em função da gravidade do traiçoeiro delito, ele foi decapitado e segurava sua cabeça com a mão como se fosse uma lanterna, compondo uma imagem surreal de "dois em um, e um em dois", magnificamente reproduzida por W. Blake e por Gustave Doré (Figuras 11 e 12). Nesse caso extremo, a cisão proposta como castigo foi radical, separando o corpo da cabeça ou, metaforicamente, do espírito: "Pelo ódio pai e filho desuni, tal como Aquitofel quando a Absalão duramente incitou contra Davi. / Pois que desfiz esta profunda união, a mente levo agora separada de seu princípio, que é o coração" (Inf. XXVIII, 136-141, C. M.). Essa passagem demonstra que a evolução em direção ao Purgatório vai exigindo que a ética se sobreponha à estética, mas, ao mesmo tempo, nos mostra seu poder expressivo: mesmo decapitada, a "cabeça" preserva a consciência da gravidade do seu delito e tem a clareza de uma lanterna de que isso impedirá sua salvação.

A separação cruenta entre corpo e cabeça/mente nesse episódio evoca-nos, como já vimos, o abismo existente entre o Dante personagem, que carrega um corpo em busca da salvação, e o Virgílio personagem, colocado no Limbo com sua cabeça/espírito, mas desprovido de um corpo e, consequentemente, incapaz de ser salvo. Essa imagem surrealista reaparece constantemente na dramaturgia de Samuel Beckett, em que vários personagens falam por meio de cabeças cortadas, as famosas *talking heads*, que representam consciências desgarradas de corpos mortos-vivos que relutam em desaparecer antes de exporem suas visões críticas acerca da vida humana.

Os falsários, entre eles os alquimistas, estavam amontoados na 10ª vala, cobertos de chagas e tomados por um prurido enlouquecedor que os deixava prostrados ao solo. Dois deles conseguiram se erguer apoiando-se mutuamente, mas, ao serem informados da presença de um ser vivo entre eles, voltam-se para vê-lo, perdendo o instável equilíbrio. Um alquimista de Siena, Grifolino de Arezzo, conta ter sido queimado por ordem de Alvaro de Siena, que, ingenuamente, levara a sério sua brincadeira de que conseguiria voar. Encontram, finalmente, Capocchio (literalmente, "cabeça--dura"), que fora amigo de Dante e lamenta ter sido queimado vivo, pois, afinal de contas, era um competente imitador da natureza: "Sou a sombra de Capocchio, o que falsificava metais com os recursos da alquimia, macaqueando a natureza" (Inf. XXIX, 136-139, H. D.).

Nesse Canto XXIX, temos uma interessante discussão a respeito das fronteiras entre imitação e inspiração. O próprio Dante, encontrando Virgílio, não esconde sua intenção de tomá-lo como modelo, mas, gradualmente, vai fazendo valer o seu discernimento. Assim, por exemplo, ao ser advertido pelo Mestre de que não deveria se ocupar da sina de Geri del Belo, que ali cumpria sua pena, Dante explica ter ficado condoído dele, pois, na qualidade de seu parente, sentira-se na obrigação de oferecer-lhe um desagravo em função da morte horrenda que sofrera. Aos poucos, Dante vai se desprendendo da cartilha de Virgílio e tomando suas próprias decisões. Ainda nesse contexto, a ruptura do equilíbrio instável de duas almas que tentavam se sustentar revela, por outro lado, o poder desestabilizador da presença de alguém vivo, que, por isso mesmo, não pode ser imitado. Finalmente, o episódio dos dois alquimistas sugere que uma imitação competente pode ser uma excelente inspiração para a imaginação criativa: ajudando-se mutuamente, eles conseguiram se reerguer.

Ainda no meio dos falsários, Dante abandona-se lascivamente a divertir-se com um duelo verbal entre o grego Simone, que convencera os troianos a acolher o cavalo que fora sua ruína, e o Mestre Adão, que cunhara florins falsos abalando a economia de Florença. Irritado com essa demonstração de fraqueza moral, Virgílio o repreende severamente advertindo-o de que era preciso estar atento para não se deixar seduzir por essas altercações. Ruborizado de vergonha, Dante se cala e torce para conseguir se safar do embaraço como quem resolve acordar para escapar de um pesadelo. Sua magnífica descrição de seu conflito mostra-nos com que agudeza Dante compreende as entranhas dos mecanismos humanos de defesa, que acabam usando a fantasia para se proteger da realidade embaraçosa: "Como quem sonha o mal, qual pesadelo, e no sonho deseja estar sonhando, de sorte que aquilo que é de fato, inexiste na mente, fiquei mudo, desejando-me desculpar e, assim já me desculpava através de meu silêncio" (Inf. XXX, 136-141, T. A.).

Virgílio, no entanto, o absolve de sua falha, pois, com a mesma palavra que antes o censurara, agora o consola restituindo-lhe a confiança. Ao relatar esse episódio, Dante (autor) compara a língua de Virgílio à lança que Aquiles levara de seu pai, Peleu, que, rezava a lenda, ao retornar à mesma ferida, tinha o poder de curá-la: "A mesma língua que me verberava, / enquanto minha face se tingia, / deu-me o remédio de que eu precisava. / Assim da lança ouvi que pertencia / a Aquiles e seu pai e, temperada, / curava as chagas que ela mesma abria" (Inf. XXXI, 1-6, C. M.). Percepções como essa com certeza inspiraram muitos aforismos futuros, como aquele de Disraeli: "Never complain, never explain, never apologize" (Nunca se queixe, nunca explique, nunca se desculpe).

O personagem Dante, aliás, se beneficiaria muito se pudesse estar revestido com o espírito desse aforismo, quando, mais adiante, deparou-se com a fúria assassina entre duas almas nuas que se digladiavam ululando. Tratava-se de dois "falsificadores de pessoas", ou seja, os que se imbuem de uma falsa identidade visando aplicar fraudes. De fato, ele se torna espectador de uma cena atroz, já que Gianni Schicchi atacou a mordidas a nuca de Capocchio com uma ferocidade animal: o sofrimento por elas exalado lembrou ao poeta a dor de Hécuba, que, confrontada com a morte de seus filhos, Polissena e Polidoro, passou a uivar pungentemente na praia (Inf.

XXX, 22-33). Essa cena foi retratada com incrível realismo pelo pintor acadêmico francês William-Adolphe Bouguereau (1825-1905), como vemos na Figura 13.

Chegando ao limiar do 9º Círculo, Dante tem a ilusão de divisar várias torres, mas, ao se aproximar, constata tratar-se dos gigantes que, por terem ousado assaltar o Olimpo, foram condenados a terminar seus dias no Inferno. Antes, porém, Virgílio tem com ele um diálogo paternal, alertando-o para a fragilidade da percepção sensorial:

> Olhando firme julguei perceber várias e elevadas torres. Perguntei: "Mestre, que estranha cidade é aquela?". Respondeu: "A distância e a luz crepuscular induzem a ilusão. Aprenderás, ao chegar lá, como a distância ilude o bom juízo dos sentidos. Por ora, apressa o passo". Tomou-me a mão e com voz amiga prosseguiu: "Antes que nos adiantemos, quero dissipar teu engano. O que imagina torres, são gigantes" (Inf. XXXI, 19-27, H. D.).

Ao se dispor a dissipar um engano de Dante, antecipando uma conclusão a que ele estava prestes a chegar por si mesmo, Virgílio procura diminuir em seu pupilo o impacto frustrador da desilusão e o medo que sentiria ao constatar como os gigantes estavam sendo judiados por Júpiter:

> Como quando a neblina se desfaz
> e ao olhar pouco a pouco se anuncia
> o que escondia o vapor que o ar tumefaz,
>
> assim, furando a cerração sombria,
> enquanto ia me achegando para a beira,
> fugia-me o erro e o medo me crescia
> (Inf. XXXI, 34-39, I. E.).

De fato, agora, Dante se via obrigado a render-se a uma visão patética: os gigantes estavam fincados nos fossos até a cintura, sofrendo inertes os raios e as trovoadas que os castigavam sem cessar. Em realidade, essa ilusão de Dante foi premonitória por antecipar a questão da confusão das línguas apresentada no episódio bíblico da Torre de Babel. Nemrode, o primeiro gigante que encontram, é de fato apresentado como responsável pela confusão das línguas humanas, em função de sua malfadada ambição de construir a torre bíblica por meio da qual os humanos subiriam até o nível de Deus. O ataque à língua comum, essencial para que os humanos se entendam e se emparceirem, é castigo gerador de dissensão ou solidão: o próprio Nemrode é condenado a falar uma língua incompreensível e, para se comunicar, fica reduzido a soar uma trombeta.

Como estavam necessitados de algum gigante para transportá-los ao Cocito, Virgílio dirige-se a outro gigante, Anteu, e o convence a ajudá-los usando a linguagem universal da sedução – exalta suas virtudes dizendo que sua contribuição fora fundamental na guerra que os Titãs travaram no Olimpo contra os Deuses; insinua que poderia oferecer essa "honraria" aos gigantes Tício e Tifeu; e, numa cartada final, promete como recompensa que, ao voltar para a Terra, Dante se empenharia para que seu nome fosse ali lembrado com admiração e piedade.

Além do aprimoramento da linguagem universal da poesia conseguido com a ajuda de Virgílio, Dante se conscientizava, agora, de ter assumido uma nova função, a de tradutor da língua dos mortos para a língua dos vivos. Mas, chegando na base em que se assentam as lúgubres estruturas do Inferno, Dante sente na pele sua falta de recursos poéticos para descrever o cenário pavoroso, tendo a seu dispor somente a língua infantilizada, cujo vocabulário se restringe a dizer "mama" e "papa" (*mamma* e *babbo*). Essa famosa expressão condensa uma série de insuficiências: a dificuldade de expressar o inefável, o fato de que a língua italiana ainda estava engatinhando e, finalmente, sua carência pessoal de "rimas rudes e rouquenhas" (Inf. XXXII, 1, I. E.).

O último círculo do Inferno está reservado para a traição, considerada o pecado maior, já que, simbolicamente, representa a destruição da cooperação e da fidelidade. Em quatro giros concêntricos, estão distribuídos: na Caina (cognato de Caim), os traidores dos parentes; na Antenora (cognato de Antenor, chefe troiano que teria traído a pátria), os traidores da pátria; na Ptolomeia (cognato de Ptolomeu, o capitão de Jericó que convidou o Sumo Sacerdote Simon e seus filhos para um banquete e, ali, os assassinou), os que atraiçoaram amigos e hóspedes; e na Judeca (cognato de Judas), os que traíram os benfeitores.

Na Antenora, Dante pisa, sem querer, em uma cabeça encravada no gelo e, para sua surpresa, ouve uma reclamação de que seu gesto pudesse ser parte de um acerto de contas em relação à Batalha de Montaperti, quando os florentinos foram derrotados por Farinata. Suspeitando tratar-se de Bocca degli Abati, que, na referida batalha, teria decepado a mão do porta-bandeira de seus compatriotas, Dante, completamente transtornado, agarrou-o pela cabeleira exigindo que se identificasse: estaríamos, aqui, diante da arrogância de um pseudopecador, o próprio Dante, que, relevando os motivos que o trouxeram até ali, julgou-se no direito literal de "pisar na cabeça traidora"? Malgrado sua recusa, uma das almas presentes, a de Buoso de Duera, acaba por denunciá-lo confirmando a suspeita de Dante: mais uma vez, o peçonhento experimenta do próprio veneno, o traidor desespera-se ainda mais por estar sendo traído por um companheiro, mas, num gesto de altivez, não se esquece de desdenhar a ameaça que Dante lhe fizera, em seguida, de denegri-lo na Terra: "Vai embora, e contes o que quiseres, mas, não silencies acerca do linguarudo que me denunciou" (Inf. XXXII, 112-114, T. A.).

Mas, no giro seguinte, uma cena dilacerante aguardava Dante. Dois condenados engalfinham-se com tal violência a ponto de um deles morder com sanha assassina a cabeça do outro. Instado por Dante a justificar tal fúria, a alma se identifica como sendo de Ugolino della Gherardesca, traído pelo Arcebispo Ruggieri e encerrado numa torre com dois filhos e dois netos, condenados a morrer de fome. Angustiado diante da visão da desgraça dos familiares, Ugolino sequer podia chorar por ter a alma petrificada e, irado, morde as próprias mãos. Imaginando que esse gesto fosse fruto do desespero causado pela fome, disseram-lhe, então: "Ó Pai, menos penoso nos seria / que desta carne, de que nos vestiste, / comesses, que ela à origem voltaria!" (Inf. XXXIII, 61-63, C. M.).

Numa frase famosa, Dante (autor) deixa entrever a possibilidade de que, após a morte de sua prole, o Conde Ugolino só tivesse sobrevivido por ter seguido esse conselho, se alimentando da carne dos parentes: "Poscia, piu che'l dolor, poté'l digiuno" (Depois, o jejum falou mais alto que o sofrimento) (Inf. XXXIII, 75, C. M.). Gustave Doré nos franqueia a porta dessa cena macabra introduzindo-nos no "calabouço da morte", no qual, agora, os únicos seres vivos são um Ugolino prostrado e dois morcegos sinistros (Figura 14).

Nesse episódio, Dante e Virgílio ouvem, atônitos, o relato daquela incrível desgraça e, irmanados na dor, não conseguem mais que clamarem contra Pisa por engendrar vinganças tão bárbaras entre seus próprios filhos. É possível vislumbrarmos, aqui, o uso de um realismo alegórico associando essa cena não só à Eucaristia, na qual a Salvação consiste na ingestão da carne de Cristo, mas também ao jogo circular de influências: Dante alimentando-se da "carne" de Virgílio tanto para salvar-se quanto para gerar um filho comum, *A Divina Comédia*, predestinado a alçar seus nomes ao Altar da Imortalidade.

Na Ptolomeia, Dante tem a oportunidade de aplicar o ensinamento aprendido com Virgílio no Inferno: de que, ali, ser piedoso não era ter piedade, mas sim ser "cortês e tratar os condenados com rudeza". Ao encontrar uma alma que sofria por não poder chorar, já que suas lágrimas congelavam, Dante é convidado a ajudá-la a aliviar-se desse suplício: penalizado, promete fazê-lo desde que ela lhe revele sua identidade. O queixoso, fiando-se em sua promessa, apresenta-se como Frei Alberigo, de Faenza, que convidara dois amigos para jantar, matando-os em seguida. Dante espanta-se por julgá-lo ainda vivo, mas fica sabendo que alguns traidores são enviados àquele sítio antes mesmo de morrer, numa espécie de antecipação da pena. Terminadas as explicações, o condenado cobra de Dante a execução da promessa, mas este, em respeito à justiça divina, quebra sua palavra sem remorso: "Mas não o ajudei, pois entendi haver errado ao querer com tal canalha ser gentil" (Inf. XXXIII, 149-150, H. D.). Eis outro paradoxo de Dante, captado pela perspicácia de Borges: ele "compreende, mas não perdoa". Essa característica essencial do Dante histórico refletida no Dante personagem, a de compreender sem perdoar, contrasta com o pouco que se sabe do Virgílio histórico, propenso a perdoar mesmo sem compreender.

Nesse momento, Dante percebe que, embora seu rosto tivesse se tornado insensível pelo frio intenso, ainda mantinha uma reserva de sensibilidade suficiente para acusar o perpassar de um vento que lhe pareceu deslocado, por se encontrarem no centro da Terra. Virgílio novamente o acalma: "Breve chegaremos a um ponto onde seus olhos darão resposta aos ouvidos, dando-te a conhecer como este vento é produzido" (Inf. XXXIII, 106-108, H. D.). No Canto seguinte, ficamos sabendo ser o Cocito mantido gelado pelo agitar constante das asas de Lúcifer, produzindo ventos em todas as direções.

É interessante o contraste aqui estabelecido entre a insensibilidade forçada, vivida na Ptolomeia pelos que traíram seus hóspedes (impedidos de "libertar do peito a dor" em função do congelamento das lágrimas), e a compaixão de Dante, que, num primeiro momento, ficou condoído desse castigo cruel, o congelamento de uma via natural de alívio das dores da alma.

Dante e Virgílio atingem, finalmente, o clímax de sua jornada infernal defrontando-se com Lúcifer, símbolo da ingratidão para com os benfeitores. Com toda solenidade, Virgílio apresenta a Dante "Lo'imperador del doloroso regno" (o Imperador do Reino Doloroso; Inf. XXXIV, 28, T. A.), o paradigma da decadência e da autocorrupção, já que "a criatura que nascera com um belo semblante" (Inf. XXXIV, 18, T. A.) se transformara num monstro de proporções assustadoras e incomparável feiúra. Numa atmosfera de rito iniciático, e ecoando o "Ecce Homo" bíblico, é Virgílio quem diz: "Ecco Dite, ed ecco il loco ove convien che di fortezza t'armi" (Eis Dite, e este é o lugar onde você deverá se armar com fortaleza; Inf. XXXIV, 20-21, T. A.). Dante não esconde seus temores de não conseguir enfrentar com desassombro esse "verme maligno que corrói o mundo" (Inf. XXXIV, 108, T. A.) – Lúcifer, aquele que outrora fora o "Portador da luz", agora o deixa "gelado e oco [...] sem conseguir morrer, nem continuar vivo" (Inf. XXXIV, 22-25, T. A.). Gustave Doré representa a cena com toda a pompa de um anticlímax: Lúcifer, com dimensões ferozes, reinando sobre uma paisagem mortiferamente congelada, enquanto os dois poetas matutam numa ribanceira sobre como escapar daquele "inferno" (Figura 15).

Essa cena ganhou também uma "representação narrativa" pelo traço delicado de Botticelli, que nos mostra o "Verme maligno que corrói o mundo" com sua cabeça tripartite, antítese da Trindade. Ao longo de seu corpo hirsuto, acompanhamos o deslocamento dos dois poetas como que encerrados num *frame* cinematográfico que captasse a ansiada fuga dos sofrimentos punitivos (Figura 16).

Sua maior ingratidão, sem dúvida, foi ter se rebelado contra o próprio Criador, pretendendo substituí-lo como demiurgo. No entanto, naquele momento, o anjo caído serviu como andaime na travessia que os poetas tentavam empreender do Inferno em direção ao Purgatório, já que Virgílio, levando Dante às costas, consegue descer agarrando-se nos pelos da estranha criatura.

Ultrapassando o centro da Terra, ambos adentram uma galeria escura aberta em função da queda de Lúcifer e, desse modo, emergem no espaço iluminado do hemisfério austral. O processo como um todo sugere o (re)nascimento secular de Dante, tendo Virgílio como parteiro e Lúcifer como assistente: à retidão de Virgílio, Dante acresceu em seu espírito, agora, a malícia de Lúcifer. De fato, o Rei do Inferno apresenta alegoricamente três cabeças, que representam a impotência, a ignorância e o ódio, condições das quais nenhum ser humano se livra, como o próprio Dante exemplificou ao iludir Frei Alberigo com uma falsa promessa.

3. O trânsito pelo Purgatório

Assim, sendo interpelados por Catão de Útica ao emergirem na base do Monte Purgatório, Virgílio é instruído a lavar a cara de Dante com o orvalho da manhã, depurando-o da fuligem infernal, e, depois, a cingir sua cintura de juncos, simbolizando a humildade. Com essas manobras propiciatórias, presume-se que o íntegro legislador Catão pretendia deslocar Dante da posição de observador dos pecados alheios, convidando-o a enxergar com humildade a purgação dos próprios pecados. A regeneração imediata dos talos de junco arrancados das margens do rio vindo do Inferno é indicadora de que a humildade se torna premissa constante da purificação. Por outro lado, a haste esguia do junco esconde uma força oculta por trás de sua fragilidade, a flexibilidade que resiste à força dos ventos.

Chegados ao sopé do Purgatório, os poetas cruzam um bando de almas desembarcadas de uma nau pilotada por um Anjo. Percebendo por sua respiração que Dante estava vivo, a multidão se aglomera à sua volta maravilhada com o fenômeno inusitado. Dentre os presentes, Dante reconhece a sombra de seu velho amigo, o músico florentino Casella, a quem ele tenta, em vão, abraçar, já que seu gesto se perde no ar. Procurando suavizar sua frustração, ele pede que o amigo cante uma das músicas que embalavam seus encontros juvenis em Florença: "Se lei não te proíbe memorar e recitar o amoroso canto que suavizou mágoas de meu viver, concede consolar meu espírito que, para aqui vindo agregado ao corpo, tantas cruezas conheceu" (Purg. II, 106-111, H. D.). "'Amor que para mim na mente fala', / começou ele então tão docemente, / que sua doçura dentro ainda me embala. / Meu Mestre e eu, e toda aquela gente / demonstravam estar tão satisfeitos / como se nada mais lhes fosse à mente" (Purg. II, 112-117, I. E.).

Mas, empurrados pela voz repressora de Catão, que os exorta a principiar a subida, todos fogem em debandada assustando Dante, que, instintivamente, procurou apoiar-se na companhia de Virgílio ao perceber que sua própria sombra tremulava solitária no solo. Como já vimos (Inf. I, 65-66), ao ser resgatado da selva escura por Virgílio, Dante aceitara tacitamente a sua imaterialidade, mas, agora, querendo "palpar" a sua presença, sente-se novamente frustrado com o mistério daqueles corpos espectrais, como vemos na cena surrealista de Salvador Dalí na Figura 17.

A vacilação de Dante mobiliza Virgílio a lembrar-lhe de que, diante dos mistérios, nada mais resta aos seres humanos que aceitá--los sem contestação, pois nem aos grandes filósofos, como Aristóteles e Platão, foi-lhes permitido compreendê-los. É assim, num clima de suspense e expectativa, que Virgílio inicia a escalada do Antepurgatório, sendo secundado por um Dante exausto até que, parados num platô para descansar, ele recebe do Mestre uma longa explanação astronômica a respeito da posição que ocupavam. Subentende-se que Virgílio pretende mostrar-lhe que a harmonia dos corpos celestes é tão complexa quanto o equilíbrio entre os vícios e as virtudes humanas: o caminho da redenção começa escarpado, mas, aos poucos, vai se suavizando.

Nesse local, ocupado pelas almas de indolentes, negligentes e omissos, o descanso dos viajantes antes da escalada iminente torna--se alvo da gozação por parte de uma das almas presentes, que recomenda que eles deveriam abandonar-se ao repouso, ou seja, infiltrar--se na indolência que pairava no ar. Outra alma, ainda em tom de galhofa, desafia Dante duvidando de sua diligência: "Ué valentão, por que você ainda não subiu?" (Purg. IV, 114, T. A.). Os gestos lentos e a voz pastosa fizeram com que Dante reconhecesse, de imediato, Duccio di Bonavia, vulgo Belacqua, um fabricante de instrumentos musicais com quem ele desenvolvera uma amizade cômica que, inclusive, numa ocasião, gerara uma discussão irônica a respeito de sua preguiça.

Ainda dentro do princípio do contrapasso, Belacqua e os demais indolentes eram obrigados a aguardar no Antepurgatório por um tempo equivalente ao de suas vidas terrenas, já que, por "falta de tempo", só tinham se arrependido na véspera de suas mortes. No geral, Dante deixa transparecer uma atmosfera amistosa de seu encontro com o velho companheiro, talvez porque, no fundo, reconhecesse nele um *luthier* dedicado, ou seja, o artesão musical que primava mais pelo perfeccionismo que pela preguiça.

Adentrando o segundo terraço, ocupado pelos espíritos que conseguiram se arrepender mesmo após mortes violentas, Dante se impressiona com uma alma que estava maravilhada com a sombra do poeta, insistindo em acompanhá-lo como que hipnotizada por aquela estranha visão. Diante do alvoroço causado por sua passagem, Dante fica estagnado e como que contaminado pela mesma perplexidade que banhara a sua plateia. Virgílio encarrega-se, então, de chamá-lo à razão:

Por que, filho te perturbas, a ponto de retardar os passos?
Em que te incomoda o murmurar desta gente? Siga-me
e deixe as pessoas falarem. Sêde como uma torre inabalável,

que não se curva ao soprar dos ventos, pois, sempre que um homem gerar pensamentos em cadeia, perde seu rumo, já que a força de um pode enfraquecer o outro (Purg. V, 10-18, T. A.).

Camuflado por uma verdadeira aula de bom senso, esse período nos mostra que Dante (autor) já possuía uma noção intuitiva da importância de administrarmos a disputa entre "pensamentos fortes" e "pensamentos fracos" (aquilo que foi retomado posteriormente por Leibniz e, claro, por Freud), bem como da importante diferença entre ruminar e agir.

Um pouco mais adiante, Dante vê-se assediado por almas que, percebendo que ele deveria retornar à terra, lhe pediam orações que pudessem mitigar-lhes as penas. Essas encomendas suscitaram em Dante uma dúvida acerca do valor das orações, já que ele entendera que, na *Eneida* (VI, verso 353), Virgílio afirmara que as orações jamais poderiam alterar os Decretos Celestes. Este lhe explica ter afirmado, de fato, que, para ter efeito, a oração tinha de apoiar-se na Fé e não num mero procedimento interesseiro. O Dante personagem já começa a exibir sua autonomia, passando a contestar, diplomaticamente, os ensinamentos de Virgílio, sempre amparado pelo álibi de não passar de um iniciante ingênuo.

Ainda perdidos em relação ao melhor caminho de ascensão, Virgílio encontra-se com um conterrâneo, o famoso trovador Sordello, com quem ele confraterniza efusivamente, vislumbrando ser ele um guia confiável para a escalada. Presenciando o flamejar dessa chama de amor patriótico, Dante se emociona com sua singeleza, estabelecendo um agudo contraste entre a virtude dos mortos e a mediocridade dos vivos: "Enquanto uma alma ali, tal emoção / demonstra ao nome só de sua terra, / acolhendo gentil, a seu irmão, / sobre o teu solo os vivos dão-se à guerra, / uns aos outros lutando de arma em riste, / mesmo no sítio onde um só muro os cerra" (Purg. VI, 79-83, C. M.). Mas, tomado por um sentimento de revolta, inicia uma longa catilinária, deplorando o aviltamento dos costumes na sua amada Itália: "Ah! Dividida Itália, imersa em fel, nau sem piloto, em meio do tufão, dona de reinos, não, mas de bordel [...] Se manténs ainda nítida (*vedi lume*) a visão, verás que te assemelhas a uma doente que, sem achar repouso em seu colchão, nele fica a girar, continuamente" (Purg. VI, 76-78 e 148-151, C. M.). Virgílio explica a Sordello que sua presença ali é fruto não só de sua inspiração divina (*virtu del ciel*) para encaminhar a salvação de Dante, mas também de seu paganismo fortuito: "Não por haver pecado, mas por não ter conhecido a Fé, não me é permitido ver o Sol que ambicionas" (Purg. VII, 25-27, H. D.).

É interessante notar que o ingresso no Purgatório enseja a proliferação de metáforas visuais (a "visão nítida", o "Sol que ambicionas", "espadas refulgentes" etc.) com um caráter positivo, sugerindo que o fogo destrutivo do Inferno começa a ser substituído pela luz que ilumina e esclarece. Percebendo que a subida só aconteceria impulsionada pela luz do Sol, elegem Sordello como guia e farol para não correrem o risco de se juntarem àquelas almas estacionadas por não cultivarem as três virtudes teologais: a Fé, a Esperança e a Caridade: "Já começa a extinguir-se a claridade, e no escuro subir não se consente [...] e não defrontareis outro embaraço mais que o efeito da treva a se estender, que a alma nos tolhe e a um tempo trava o passo" (Purg. VII, 43-44 e 55-57, C. M.).

Enquanto ensaiavam a subida, a noite foi se aproximando e duas outras sombras juntam-se ao grupo: Nino Visconti, uma figura política de proa em Pisa, e Conrado Malaspina, a quem Dante era grato em função do asilo que este lhe oferecera em seu exílio. Deitado na relva, uma fadiga sonolenta invade seu "corpo vindo de Adão" (Purg. IX, 12, T. A.), fazendo com que sua "mente peregrina, / presa mais à matéria, e ao juízo infensa, / para as visões fantásticas se inclina, / em sonho pareceu-me ver suspensa / uma águia refulgente que evoluía, / como a baixar deixando a asa distensa" (Purg. IX, 16-21, C. M.).

Após ter adormecido e sonhado, Dante, "tal como alguém que em pânico desperta, mas perde o medo e volta à compostura ao ser-lhe a realidade descoberta, assim me achei: e, pois, a alma segura, acompanhei meu mestre, que ao ressalto se encaminhava já, galgando a altura" (Purg. IX, 64-69, C. M.). Ao despertar, Dante é confortado por Virgílio, que explica que ele fora trazido dormindo por Santa Lúcia (a águia), símbolo da Graça Iluminadora, até a porta do Purgatório, em que ele poderia sentir-se mais seguro. Temos, assim, um belo contraponto entre a ajuda visionária prestada pela santa disfarçada de águia durante o sonho e a ajuda vigil que lhe oferecia Virgílio para a recuperação da "compostura", isto é, da consciência de permanecer firme na rota da Salvação.

Chegados diante da porta fechada, percebem que o acesso a ela se dava por meio de três degraus coloridos, sendo que, no último, que brilhava qual diamante, um Anjo refulgente fazia as vezes de porteiro, trazendo uma espada à mão: aconselhado por Virgílio, Dante pede, humildemente, que o Anjo lhe conceda a misericórdia de abri-la. Tradicionalmente, os degraus simbolizam os três estágios do sacramento da penitência: a contrição do coração, a confissão oral e a satisfação de conseguir realizar boas ações (*satisfactio operis*). Habituado a receber grupos de penitentes, o Anjo o interroga: "Quem vos conduz por esta eleita via? Não podeis, sem perigo virdes sós" (Purg. IX, 86-87, C. M.).

Como sempre, Virgílio apressa-se a explicar a ajuda da santa, levando o Anjo a abrir a porta; antes, porém, ele inscreveu sete letras "P" na testa de Dante, alertando-o de que essas marcas dos Pecados Capitais seriam gradualmente apagadas, na medida em que os giros de purgação fossem sendo vencidos. Portanto duas chaves, uma dourada e outra prateada, o Anjo "A um gesto a porta nos franqueou sagrada: 'Ide, mas sem olhar atrás', falou, 'pois do contrário perdereis a entrada'" (Purg. IX, 130-132, C. M.). Essa cena iniciática foi reproduzida pelo pincel de William Blake como um *tableau vivant*: embaixo do portal do Purgatório, um Dante ajoelhado e contrito recebe o "batismo purgatorial" do Anjo observado pela figura paternal de Virgílio (Figura 18). Com essa exortação, o Anjo parece estar querendo dizer que o perdão é um estágio evolutivo; uma vez atingida a consciência do pecado, não nos é mais facultado recuar: encontramos, aqui, uma semente do preparo que o Dante personagem começa a ter para o momento em que sua caminhada não puder mais contar com a ajuda providencial de Virgílio.

No primeiro terraço do Purgatório, eles encontram os soberbos curvados sob o peso de imensas pedras. É interessante assinalar que, no 4º Círculo do Inferno, os avaros e os pródigos também estavam fadados a rolar pedras enormes, subentendendo-se, assim, que o fato de os pecadores as suportarem, agora nas costas, é sinal de que estão experimentando o peso da consciência. Segundo a observação de Virgílio, o mesmo estaria acontecendo com Dante: "O rumo nos mostrai desta escalada; / e se existir mais de um para a passagem, / que seja o que tiver mais suave a escada: / pois meu amigo, ao peso da roupagem / da carne que do pai Adão lhe veio, / somente a custo faz aqui a viagem" (Purg. XI, 40-45, C. M.). Gustave Doré representa essa cena colocando Dante como imagem especular de um condenado curvado embaixo de um bloco de pedra, enquanto Virgílio, por não ter que suportar o peso da própria carne, encontra-se ereto na sua retaguarda, imune aos esforços da subida (Figura 19). Essa cena representa também, alegoricamente, a *gravitas*, virtude que engloba o peso de uma personalidade ética que, juntamente com a *pietas* e a *iustitia*, eram bastante prezadas na sociedade romana.

Os peregrinos transitam, agora, por uma vereda tortuosa em cuja encosta de mármore estão esculpidas três cenas representando a humildade, a virtude contraposta à vaidade dos penitentes: a primeira mostra a cena cristã da Anunciação; na segunda, Davi está dançando num tributo a Deus; na terceira, o Imperador Trajano retarda sua saída para a guerra para atender à aflição de uma viúva que clamava por justiça diante do assassinato de seu filho. Valendo-se de uma descrição minuciosa da arte realista do entalhe, "que não seria nem por Policleto suplantada", Dante (autor) utiliza uma técnica expressiva inovadora em relação a Virgílio, que chamou de "fala visível" (*visibile parlare*), antecipando, assim, o casamento entre som e imagem que constitui a base da arte cinematográfica.

Virgílio faz a Dante uma advertência aparentemente enigmática: "Não deixe sua mente se seduzir por um único estímulo" (Purg. X, 46, T. A.), levando-o a refletir que, ao mesmo tempo, "meu doce Mestre me mantinha próximo daquele lado onde palpitava seu coração" (Purg. X, 47-48, T. A.). Nessa sutil construção, Dante (autor) parece estar querendo nos alertar de que precisamos sempre ter em mente uma duplicidade perceptiva, aquela que nos atinge do exterior mediante os estímulos sensoriais e aquela que nasce no íntimo de nossas vivências emocionais.

Ao forjar um encontro com Oderísio de Gúbio, famoso pintor iluminista obcecado pela soberba e que se entrega a um *mea culpa* em relação a seu orgulho na terra, Dante o observa, agora, declarar com humildade que sua arte era inferior à de seu colega Franco Bolonhês. É interessante nos lembrarmos de que, nas várias bibliotecas religiosas italianas, encontramos muitas iluminuras dedicadas à *Divina Comédia*, como aquela exposta na Figura 20, que retrata a chegada de Dante no Paraíso, sendo recebido por Beatriz postada numa carruagem puxada por um grifo.

Dante (autor), inspirado nesse episódio, passa, então, a nos instruir a respeito da evanescência da fama:

A glória mundana não é senão sopro de brisa que ora vem daqui ora de acolá, mudando o nome conforme muda de lado. Que fama haverá, pois, de ti ao fim de um milênio, quer deixes a vida no extremo passo da velhice ou ao tempo do inconsciente balbucio infantil? (Purg. XII, 100-105, H. D.).

O arremate de seu pensamento é poeticamente pedagógico: "A fama dos homens assemelha-se à flor que se abre e se cresta por efeito do mesmo Sol que a fizera germinar" (Purg. XI, 115-117, H. D.). Talvez não deixe de existir uma certa ironia no fato de que, hoje, Virgílio parece ser tão ou mais lembrado como personagem de Dante que em função de sua própria obra poética.

Prosseguindo na marcha, encontram um Anjo que lhes indica a escada para ascenderem ao terraço seguinte e, sem que Dante o perceba, apaga com um movimento de asa o primeiro P de sua testa. A evidência indireta desse alívio surge quando Dante busca, em Virgílio, uma explicação para a súbita leveza que o acometera e é informado, para sua surpresa, do cancelamento da primeira marca condenatória. Nessa passagem, temos um exemplo explícito de como o Eu depende de um Outro para enxergar coisas em si que estão fora de seu "campo de visão":

Qual o homem que, andando pela praça com algo que lhe puseram à cabeça, mas de que ele apenas principia a suspeitar pelos sinais que os passantes lhe fazem, e que por isso pede à mão que auxilie a cabeça; e a mão, atendendo, procura e encontra, cumprindo um serviço que a vista não poderia executar; assim foi que, levando à minha cabeça os dedos da mão direita, percebi que das letras P traçadas pelo Anjo, permaneciam apenas seis.

O mestre, que meu gesto observara, sorriu (Purg. XII, 127-136, H. D.).

Esse sorriso cúmplice de Virgílio parece expressar uma compreensão paternal em relação à atrapalhação de Dante quanto a reconhecer sua evolução como penitente. Nesse particular, o personagem Dante vai aprendendo com a experiência e "informando" o poeta: de fato, o Purgatório por ele concebido, como autor, reflete os ensinamentos ligados à satisfação penitencial – diferentemente das almas no Inferno, cujos sofrimentos refletem os efeitos do pecado, as dores dos pecadores purgatoriais envolvem uma satisfação como preparação para a visão abençoada do Empíreo.

Nos Cantos XIII e XIV, descreve-se o acesso ao terraço dos invejosos, que, estrategicamente, têm os olhos costurados com fios de arame. De fato, o olho desempenha um papel crucial no mecanismo psicológico da inveja, já que é por meio dele que o invejoso detecta o objeto cobiçado que ele pretende espoliar de sua "vítima". O verbo latino *invidio* ("não te enxergo") nos fala da ação de olhar desconfiadamente para alguém, de dirigir-lhe um mau-olhado, ou de se torturar diante da visão da felicidade alheia. São Paulo já sentenciava: "Aquele que odiar seu irmão estará na escuridão, andará na escuridão e não saberá para onde está indo, já que as trevas terão cegado seus olhos" (1 Cor. 2:11). Cícero, por exemplo, já reconhecia o caráter projetivo da inveja, referindo-se à "produção de uma desgraça pelo mau-olhado", enquanto Shakespeare, em *Otelo*, alerta-nos em relação ao "monstro de olhos esverdeados que deve escarnecer da carne que o alimenta". Portanto, não foi por acaso que Virgílio, sentindo-se perdido, dirige o seu olhar ao Sol invocando-o como guia, protegendo-se, assim, indiretamente, dos percalços da inveja: "Ó luz, a cujo influxo adentro / esta ignorada e misteriosa via, / desvenda-nos o rumo aqui por dentro! / Pois que o mundo iluminas dia a dia, / se razão mais potente não o impede, / sê para nós o costumeiro guia!" (Purg. XIII, 16-21, C. M.).

A "ignorada e misteriosa via" podia, perfeitamente, ser uma alusão ao tortuoso trajeto que nos leva da gratidão à inveja, ou vice-versa. Como já vimos, essa pode ter sido uma delicada questão que se impôs a Dante em sua relação com Virgílio, na medida em que todo tipo de identificação corre o risco de substituir o tomar emprestado pelo confiscar a felicidade e a virtude do outro. Mas, segundo sua autoavaliação, Dante (autor e ser histórico) sucumbiu mais à soberba que à inveja, a julgar pela forma que se apresentou a Sofia Salvani, conhecida invejosa de Siena:

Mas quem tu és, que surges caminhando
perto de nós com olhos desvendados,
ao que suponho, e falas respirando?
Eu disse: "Os meus também aqui fechados
vão ser, mas pouco, pois só por momentos
os tive pela inveja dominados.
Mais se abala minha alma ante os tormentos
do giro anterior, que há pouco vi,
e onde a carga fará meus passos lentos"
(Purg. XIII, 130-138, C. M.).

No giro anterior, ele encontrara os orgulhosos e os soberbos curvados sob o peso de imensas pedras: ao referir-se a seus "passos lentos", Dante assume que deveria estar submetido ao mesmo castigo, e não àquele dos invejosos.

Dante ficou comovido com aquelas almas duplamente cegadas, pela inveja e pela costura das pálpebras: vagavam como mendicantes, rogando por qualquer raio de sol que lhes chegasse aos olhos e por qualquer sopro de luz divina que lhes apaziguasse a alma. Banhado de lágrimas, e constrangido em observar os sofredores sem poder ser notado por eles, Dante busca a orientação de Virgílio, que lhe diz: "Fale a eles o que quiser, mas seja breve e arguto" (Purg. XIII, 78, T. A.). Desejoso de transmitir-lhes algum alento, Dante abre seu coração com ardor:

> Ó almas, que estais seguras de chegar a contemplar o Excelso Lume, ambição que é vosso desejo único! Que a graça apague em vós os traços do pecado, de modo que limpidamente perpasse por ela o fio luminoso da vontade, a fim de que me digais se há entre vós quem gente italiana haja sido. Talvez alguém bem possa advir de fazer-se por mim notado (Purg. XIII, 85-93, H. D.).

Ao cruzarem com dois invejosos da Romanha, Guido del Duca e Ranieri da Calboli, Dante resiste em revelar sua identidade, talvez temeroso dos danos que pudessem lhe causar. Cautelosamente, alude com reservas à sua origem toscana e, por fim, ouve um diálogo entre ambos no qual, primeiro, se faz um inventário da decadência e da corrupção moral de Florença e, em seguida, da Romanha. Paralelamente a isso, os poetas ouvem passar vozes estrondosas pelo ar que, soturnamente, vão fornecendo exemplos de inveja castigada. Uma dessas vozes se identifica como Aglauro, filha de Ereteu, rei de Atenas, que fora transformada em pedra por Mercúrio, já que, por inveja, tentara boicotar os amores de sua irmã Erse pelo Deus. Virgílio explica então a Dante que os exemplos relatados de inveja pretendiam alertar os homens a respeito do seu caráter insidioso, mas, como essas advertências eram inócuas, depreende-se que a solução radical seria transformar os invejosos em pedra, bloqueando a expressão desse sentimento maligno.

Continuando o trajeto, Dante aborda Virgílio por continuar intrigado com o comentário de Guido del Duca sobre a vulnerabilidade da espécie humana à "paixão malsã" da inveja: "Ó raça humana, porque induzes o coração a inclinar-se por aquela paixão malsã que não permite a partilha da felicidade?" (Purg. XIV, 86-87, H. D.). Virgílio lhe explica que a melhor alternativa à inveja é a pessoa dirigir seu amor a Deus, já que, no Céu, a beatitude se espraia como os reflexos de múltiplos espelhos, enquanto a inveja está sempre fadada ao fracasso por "cobiçar aquilo que somente a poucos se assegura" (Purg. XIV, 87, C. M.). Dante, raciocinando com a lógica terrena, não consegue entender o aparente paradoxo de que um bem distribuído a muitos possa enriquecê-los mais que se outorgado a poucos. Virgílio rebate o ceticismo de seu discípulo explicando a lógica celeste: "Quanto mais gente para o céu for subindo, cada uma das almas terá aumentada a capacidade de amar e mais fundamente se aplicará ao amor divino, pois cada qual, à guisa de espelho, reflete sobre as outras a sua própria felicidade" (Purg. XV, 73-75, H. D.). Dante aprende, assim, como o Amor Divino pode instalar um círculo virtuoso que se contrapõe à proliferação dos vícios: sua inspiração foi, provavelmente, Santo Agostinho, que equacionava a inveja como um pecado contra o Espírito Santo, representando o amor divino.

Penetrando no círculo dos coléricos, Dante é tomado por três visões extáticas, quando lhe são apresentados exemplos históricos (ou bíblicos) de situações em que, diante de afrontas ou desacatos, os ofendidos reagiram com ponderação e misericórdia. Virgílio interpela Dante a respeito de seu torpor e fica sabendo que seu corpo, no fundo, se inebriara com algumas visões que, desconfia, ele tivera e nas quais nem seu mestre acreditaria. Este, no entanto, mostra que estava ciente da experiência visionária de Dante, confirmando a sintonia absoluta que se estabelecera entre eles desde o encontro inicial:

> Se trouxeres a face coberta por uma centena de máscaras, não me seriam ocultos, por menores que fossem, os pensamentos que ainda há pouco te enlevaram. Tudo

*quanto te foi dado ver lá em cima foi decretado, a fim
de que se abra mais facilmente o teu entendimento às
fontes do amor que externamente fluem do coração de
Deus. Não perguntei, "Que tens?" como faz aquele que
só vê com os olhos do corpo, mas sim para acelerar seus
pés. Pois cumpre ativar o passo aos que por lassidão,
retardam o andar, mesmo estando acordados (Purg. XV,
127-138, H. D.).*

A agudeza com que Virgílio penetra na intimidade de Dante, utilizando não "o olho do corpo", mas sim "o olho da mente" (*the mind's eye*, na acepção de Shakespeare), bem como a delicadeza que utiliza para levantar sua moral parecem ser um reflexo do amor incessante que transborda do coração de Deus.

Após serem "iluminados" pelas visões enviadas a Dante pelo coração de Deus, bem como pela luz emanada do anjo que descera da corte celestial para lhes mostrar o caminho, ambos se viram sufocados por uma espessa nuvem de fumaça, representando a ira que, na terra, turva a percepção dos homens em relação à virtude. Numa antecipação da discussão a respeito do livre-arbítrio que se dará a seguir, Dante fecha os olhos e se agarra a Virgílio qual uma criança assustada entregando-se ao comando do pai. Curiosamente, cabe a um nobre lombardo com quem cruzam, Marco Lombardo, a espinhosa tarefa de explicar a Dante que a corrupção da alma humana é mais fruto do mau exemplo das autoridades terrenas que da predeterminação da ordem divina:

*Desse modo, o povo, que observa o cobiçoso proceder dos
chefes – uns e outros ansiando pelo gozo dos bens terrenos – ceva-se nestes, nada mais de nobre cultivando.
Agora podes facilmente deduzir que a má conduta dos*

chefes e não a decadência ou condescendência das leis naturais, é causa de haver-se o mundo corrompido (Purg. XVI, 100-105, H. D.).

Vemos, portanto, que malgrado o amadurecimento pessoal já conseguido por Dante, nos momentos de tensão ele ainda recorre a Virgílio, sorvendo ensinamentos pedagógicos básicos.

No limiar do quarto Círculo, o dos indolentes quanto ao amor, Dante consegue ultrapassar a cortina de fumaça criada pela ira afinando seus passos com os de Virgílio, ou seja, procurando absorver a capacidade do Mestre de contrapor-se às intempéries da vida por meio da imaginação criativa. Primeiro, certifica-se do funcionamento da fantasia para elaboração dos conflitos: "Ó fantasia, que podes elevar o espírito a tal ponto que do enlevo não desperta nem com o soar de mil tubas, quê te move, estando dormindo os sentidos?" (Purg. XVII, 13-16, H. D.).

Dante (autor) utiliza, em diferentes contextos, os termos *fantasia*, *imaginazione*, *imaginativa* e *imagine* para, seguindo as trilhas abertas pelo *De Anima* de Aristóteles, referir-se à capacidade mental que produz o armazenamento de imagens mentais derivadas dos mundos sensorial e suprassensorial. Tudo indica que ele tinha noção de que tais imagens contribuíam tanto para uma melhor captação das realidades interior e exterior quanto para a sua distorção. Outro ponto de valor retórico é o convite que faz ao leitor para imaginar suas descrições pictóricas, como no Paraíso (XIII, 1-24), em que, descrevendo uma dupla coroa luminosa formada por teólogos, ele propõe esse exercício de imaginação repetindo por três vezes a palavra *imagine*. Em resumo, ele se vale da imaginação como instrumento de três faculdades: como *ingegno* ela é usada para julgar as coisas particulares; como memória, para recordar o passado; e, por meio do intelecto, para pensar.

A seguir, já aplicando essa capacidade de produzir imagens visuais como prelúdio ao pensamento, Dante cria três visões que ilustram a punição da cólera: Procne, que matara o filho para vingar-se do marido, fora transformada em rouxinol; Amã, que pretendia crucificar um homem sábio e justo, acaba, ele próprio, sendo vítima desse suplício; finalmente, a Rainha Amata, irada com o casamento de sua filha Lavínia com Eneias, acaba por suicidar-se. Em seguida, um novo P é apagado de sua fronte por um ruflar de asas, e Dante se emociona ao ouvir um enunciado redentor: "Bem-aventurados os pacificados que se livraram da ira maligna" (Purg. XVII, 68-69, T. A.).

Impedidos de prosseguir pelo cair da noite, Dante, mais uma vez, aproveita a imobilidade física imposta pelo cansaço como oportunidade para extrair de Virgílio um "discurso" a respeito dos descontroles do amor: "Mais degraus por galgar já não havia; / e ficamos os dois sem movimento, / como as naus abrigadas na baía. / Peço-te, ó caro guia, instantemente, / que me fales do mal desse terraço: / presos temos os pés, mas livre a mente" (Purg. XVII, 76-78 e 82-84, C. M.).

Em sua preleção, Virgílio expõe a tese de que não seria natural que o ódio se voltasse contra a própria criatura, ou mesmo contra o seu criador, desviando-se, portanto, inevitavelmente contra o próximo: eis, aí, a origem dos pecados da soberba, da inveja e da cólera, as três formas de perversão do amor a serem enfrentadas ali. Segundo São Tomás de Aquino, o Amor pode ser de dois tipos: o natural ou instintivo e o racional ou eletivo. O primeiro depende do livre-arbítrio da pessoa, mas é inflexível em sua predisposição de amar a Deus; no segundo, vamos encontrar as raízes do pecado, seja porque o amor dirige-se ao objeto errado, seja por afastar-se do equilíbrio em função de excesso ou falta.

Talvez estimulado pela ternura que o impelia a extrair mais ensinamentos de seu "doce pai", Dante vence um constrangimento de estar sendo ganancioso e pede que Virgílio lhe explique como a mesma fonte de amor poderia gerar o bem ou o mal. Segundo o Mestre, o amor torna-se cego quando a satisfação de um desejo se transforma em possessividade, pervertendo, assim, o impulso original, do mesmo modo que "a pureza da cera não garante a autenticidade do carimbo" (Purg. XVIII, 38-39, T. A.). Dante demonstra, assim, saber muito bem que o uso de um objeto é tão ou mais importante que sua natureza: é fundamental, portanto, que se faça um bom uso do amor para que não incidamos num paradoxo esdrúxulo, o de que "o amor mata o amor", como nos casos de ciúmes.

Inquieto com as novas ideias que fervilhavam em sua mente, Dante (autor) nos conta que "meu pensamento em sonho modifiquei" (Purg. XVIII, 145, T. A.), mostrando, novamente, sua captação intuitiva de algo que só a psicanálise viria a formular com consistência, ou seja, que a elaboração dos conflitos emocionais só acontece se o psiquismo puder "sonhá-los". Na sequência, um exemplo desse processo nos é oferecido. Dante sonha com uma mulher repulsiva (símbolo da tentação dos prazeres materiais) que, gradualmente, vai se transformando na sereia sedutora e bela que enfeitiça os navegantes incautos, como Ulisses, com seu canto. Eis, então, que surge em seu sonho uma dama celestial que convoca Virgílio a ajudá-la a desmascarar a impostora com um gesto acusador: ao expor-lhe o ventre, rasgando suas vestes, o odor nauseabundo de sua vil natureza acabou acordando Dante. Mas, mesmo desperto, ainda impregnado pela visão assustadora, ele acaba chamando a atenção de Virgílio com seu olhar cabisbaixo:

"*Por que no piso os olhos tens cravados?*",
perguntou-me meu guia, sempre atento,
mal nos vimos um pouco distanciados.
"*O sonho que sonhei faz um momento*

*tanto minha alma", eu disse, "ainda embaraça,
que dele não se afasta o meu intento".
'Viste', tornou-me, a 'feiticeira crassa,
razão do pranto que se escuta adiante;
mas viste como o mal se lhe rechaça'"*
(Purg. XIX, 52-60, C. M.).

Cônscio de como o ânimo de Dante perigava fraquejar, Virgílio o insufla a alçar-se ao círculo seguinte no qual, dramaticamente, as almas dos avarentos repetiam em coro a sentença de um salmo de Davi: "Minha alma voltou-se para o chão", quer dizer, afundou-se nos prazeres materiais. Nessa bela passagem, Dante (autor) nos brinda com a expressiva superposição de seu desalento com o sofrimento dos pecadores, literalmente prostrados no solo. Em compensação, uma alma magnânima como Virgílio é alçada a regiões elevadas de seu espírito, a ponto de ser incluída como personagem significativa de seu sonho.

Duas almas eminentes que ali purgavam seus pecados, a do Papa Adriano V e a do Rei francês Hugo Capeto, recriminam-se de sua condição, ao mesmo tempo que enaltecem exemplos históricos de pobreza e generosidade. Prosseguindo sua jornada, os poetas são abalados por um forte tremor de terra e assombrados por um coro que, em uníssono, entoava o "Glória in excelsis Deo", com o qual os anjos comemoravam o nascimento de Cristo em Belém. Quando encontraram um espírito que os saudou com simpatia, Virgílio aproveita para indagar-lhe sobre a natureza daqueles estranhos fenômenos, antecipando-se à curiosidade estampada na fisionomia de Dante. É assim que são informados tratar-se de uma explosão de alegria que acompanha o momento em que uma nova alma completa sua purgação e ascende ao Céu. Essa explicação, no entanto, desperta neles uma dúvida quanto à identidade daquele personagem que "durante séculos ficara preso naquela penitência" (Purg. XXI, 76-81,

T. A.). Ao lhe indagarem a respeito, ficam sabendo tratar-se do poeta Estácio (c. 40-96 d.c.), autor da "Tebaida", que morrera enquanto escrevia outro poema épico, a "Aquileida". Sem saber a quem se dirigia, ele exalta com ardor seu débito com a obra de Virgílio:

> Foram sementes do meu ardor poético essas centelhas escaldantes, quais divinas chamas a inspirar mais de mil outros poetas: os versos da Eneida, mãe veraz, nutriz de meu estro. E, para no mundo terreno existir, ao tempo em que viveu Virgílio, gratamente passaria aqui um ano mais, além dos que devo (Purg. XXI, 94-102, H. D.).

Diante da situação inusitada, Virgílio reage com modéstia, lançando a Dante um olhar cúmplice, como a sugerir-lhe que não revelasse sua identidade; este, porém, não conseguiu disfarçar um sorriso maroto, que, sendo percebido por Estácio, acabou por convencer o Mestre de que a revelação era inevitável. O que está implícito aqui é que a preservação da condição humana em Dante ainda permitia que os sentimentos mantivessem seu papel de servir como indicadores de desejos, conflitos e intenções:

> Se meu riso, ó nobre espírito, causou-te maravilha, maior será teu pasmo com o que te revelo agora. Este, que guia os meus passos para o alto, é o mesmo Virgílio no qual hauriste inspiração para cantar os feitos dos homens e dos deuses. Se outra causa ao meu riso atribuíste, retifica-a. O motivo exato está nas palavras que a seu respeito disseste (Purg. XXI, 121-129, H. D.).

Empolgado com o inesperado encontro com seu ídolo, Estácio age como se fosse um duplo de Dante:

Já Estácio se inclinara para abraçar as pernas do meu guia, mas este o impediu, bradando: "Irmão, tal não intentes, pois é sombra o que de mim vês". E o outro, erguendo-se: "Bem podes medir o profundo respeito que a ti eu voto pelo engano ora cometido de querer, vaidade humana, tratar sombras como se matéria fossem" (Purg. XXI, 130-136, H. D.).

Há um consenso entre os estudiosos sobre ser essa uma definição lapidar da arte poética de Dante: conferir substância à sombra, atribuir um senso estético ao imaterial, projetar luz na escuridão por meio do ritmo e da harmonia, "encarnar" e "incorporar" a verdade da ficção.

Virgílio retribuiu os elogios dizendo a Estácio de sua satisfação em encontrá-lo, pois Juvenal, no Limbo, já lhe informara da admiração que ele lhe votava. Lamenta, também, que seus caminhos só tivessem se cruzado naquela altura em que a escalada tivesse a ponto de terminar:

*Desde que no Limbo um dia Juvenal
veio reunir-se a nós e me dizia
de tua admiração ardente e leal,*

*nutri por ti profunda simpatia,
qual se vê entre estranhos raramente,
e ela me encurta aqui, destarte, a via
(Purg. XXII, 13-18, C. M.).*

Nessa magnífica construção, Dante (autor) nos oferece uma descrição inspirada de como a admiração sincera pode criar uma subjetividade temporoespacial peculiar: no caso, dois caminhos se encurtaram, aquele que propiciou o encontro de Estácio com Virgílio e aquele que, precocemente, os separaria.

Galgando a vereda que ascendia ao 7º Círculo, Virgílio percebe que Dante está ansioso para falar e resolve "disparar o gatilho" dessa fala engasgada, com um belo modelo: "dispara a flecha do dizer, pois o arco do desejo já está distendido" (Purg. XXV, 17, T. A.). Dante expressa sua perplexidade diante de um estranho paradoxo: "como pode ficar consumida a alma que não precisa de alimento?". Curiosamente, Virgílio transfere a Estácio a responsabilidade da explicação, fazendo-o sentir-se constrangido em ter de substituir o Mestre.

Poderíamos nos indagar, nessa altura, por que Virgílio teria transferido a Estácio a responsabilidade de uma explicação tão complexa. Estaria ele saturado pela interpelação de Dante, ou teria reconhecido em Estácio uma instância neutra para arbitrar a complexa relação entre espírito e matéria, representados por ele e seu discípulo, respectivamente? Estácio fornece, então, uma elaborada teoria segundo a qual o sangue ativo acasala-se com o sangue receptivo nos vasos seminais, gerando, assim, uma alma ou virtude ativa, a qual, ao evoluir, adquire a virtude sensitiva. Confrontado com tal maravilha, Deus instilaria, então, no ser criado um "novo espírito, repleto de virtude" (Purg. XXV, 73, T. A.) que o habilitaria a falar e a raciocinar. Quando, finalmente, o ser morresse, a alma desprender-se-ia do corpo, mas reteria em si a natureza humana e divina, de modo que, ao chegar a seu destino final, ela reconstituiria em torno de si a imagem do corpo, "figurada como sombra" (Purg. XXV, 107, T. A.). Eis-nos, portanto, novamente diante da *figura* que inspirou Auerbach a descrever a sua versão da sombra como um "corpo espectral".

Harold Bloom (2010) critica a "licença poética" de Dante em cristianizar Estácio por conta própria, mas (em Purg. XXII, 88-93) observamos que ele se declara um falso pagão, já que, por medo de assumir seu cristianismo, teve de purgar sua negligência por quatrocentos anos no quarto círculo do Purgatório. Historicamente, então, tudo se passou como se Dante (ser histórico) pretendesse reabilitar Estácio, do mesmo modo que quisera exaltar Virgílio como seu eminente antecessor.

Avançando no caminho, os três personagens encontram uma bela árvore cujo cimo estava recoberto de frutos suculentos banhados por límpida água que ali cascateava. Uma voz saída das folhas foi explicando que a comida e a bebida inacessíveis pretendiam evocar exemplos antigos de temperança, bem como purificar os gulosos que penavam no círculo seguinte.

Lá chegando, escutam um canto misericordioso que, entremeado com gemidos, entoava um trecho do Miserere: "Ó senhor, abra meus lábios e minha boca prestará testemunho de vosso louvor!". Uma das sombras esquálidas interpela Dante, o qual reconhece a voz de seu amigo Forese Donati, não conseguindo disfarçar o espanto face a seu estado de adiantada inanição. O espírito pede-lhe para justificar a sua presença ali:

"*Ah! não ponhas reparo na sarna que me descolore a*
pele, nem no macilento aspecto de minhas carnes,
mas dize-me a verdade a teu respeito, e sobre essas duas
almas que te fazem escolta.
Não permaneças calado, fala!" Respondi: "Teu vulto, que
chorei já morto, pena igual me dá vendo-o em tal estado.
Mas, por Deus, enquanto passa o meu espanto, revela-me
a pena que te faz sofrer, pois costuma errar quando fala,
quem tem o pensamento posto em querer ouvir"
(Purg. XXIII, 49-60, H. D.).

Forese explica-lhe que a consumpção daquelas almas era consequência do suplício tantalizador que fora imposto a elas, na medida em que eram obrigadas a ficar circundando aquela árvore apetitosa, sem poder comer seus frutos olorosos e sem saciar a sede com sua água cristalina.

Mas, poderíamos nos indagar, no que será que consistia "a verdade a teu respeito, e sobre essas duas almas que te fazem escolta"? Por estarem os três poetas no círculo da temperança, talvez a verdade em questão estivesse ligada a como eles se posicionavam diante das oscilações constantes entre o comedimento e a desmesura. Não nos esqueçamos de que, no episódio da admoestação de Catão, Virgílio perdera a compostura (Purg. III, 11) saindo em desabalada carreira enquanto Estácio, ao se descobrir diante de Virgílio, declara com espalhafato estar disposto a permanecer um ano mais no Purgatório em troca da honra de ter sido contemporâneo de seu ídolo na terra (Pur. XXI, 100).

O Virgílio histórico, como já mencionado, parece ter sido um exemplo de equilíbrio, imagem que Dante ressalta repetidamente, como no exemplo citado (Purg. IV, 58-96) em que ele fornece uma bela descrição do equilíbrio dos corpos celestes que parece ecoar a necessidade de um equilíbrio entre os vícios e as virtudes humanos. O Dante histórico, no entanto, pautou-se mais pelos excessos quando se recusou teimosamente a retornar a Florença, quando se indispôs vingativamente com o Papa Bonifácio VIII, quando se entregou a uma paixão platônica por Beatriz, e mesmo quando esgrimiu sua genialidade para promover o vigor da linguagem popular no *De Vulgari Eloquentia* ou quando exilou-se para criar sua obra magna, *A Divina Comédia*, visando resgatar os valores éticos e morais de sua amada Itália.

Ao nos alertar que "quem tem o pensamento posto em querer ouvir" corre o risco de produzir uma fala errônea, o Dante autor demonstra uma compreensão engenhosa de que o crescimento mental pressupõe uma interação equilibrada entre aquilo que o psiquismo incorpora a partir do mundo externo e aquilo que ele projeta no mundo a partir de sua subjetividade para "engravidá-lo" e, nele, inscrever sua assinatura.

Além do mais, estamos sempre em luta com nosso narcisismo, que tende a desequilibrar o jogo a nosso favor quando, por exemplo, indagamos pelo outro como mera desculpa para discorrermos a nosso respeito. Há, hoje em dia, certo consenso de que Shakespeare teria sido o primeiro psicanalista, mas, como estamos vendo, Dante não destoaria se o considerássemos como seu antecessor, o que, num certo sentido, está implícito na afirmação de T. S. Eliot de que o mundo moderno foi, em essência, forjado por eles.

Chegados ao sétimo e último Círculo, no qual ardiam os lascivos, o anjo guardião do Paraíso apaga o último P da testa de Dante e, saudando os luxuriosos arrependidos com um "Bem-aventurados os puros de coração", comunica aos poetas que: "Por aqui, ó almas santas, não se avança sem antes cruzar o fogo purificador" (Purg. XXVII, 10-11, H. D.). Transido de medo, Dante estica instintivamente as mãos para proteger-se, mas é invadido pela atroz lembrança das almas que vira queimar.

Estando a jornada prestes a completar-se, o personagem vivido por Dante comporta-se como o equilibrista que teme errar o último passo e, assim, deitar a perder todo o sofrido trajeto já percorrido. Virgílio tenta acalmá-lo, invocando, para tanto, a confiança mútua que se criara ao longo do caminho:

> *Filho querido, aqui pode haver sofrimento, mas não*
> *morte. Recorda-te, recorda-te... se até sobre o dorso de*
> *Gerião te conduzi a salvo, estando agora mais próximo*

de Deus, maior é meu empenho em bem guiar-te. Tem como certo que ainda quando por mil anos no centro deste chamejar permanecesses, nem a um só dos teus cabelos seria feito dano. Mas, se duvidas que a verdade eu diga, por ti mesmo intenta a prova, avançando para o fogo e à ação das chamas expondo a fímbria das tuas roupas. Põe de lado temor sem fundamento. Vem conosco, avança com segurança! (Purg. XXVII, 20-32, H. D.).

Nessa sólida argumentação, temos uma súmula de um verdadeiro tratado de convencimento humano. Em primeiro lugar, o indivíduo a ser convencido é abordado num tom carinhoso e reassegurado de que, na pior das hipóteses, estaria sujeito a sofrimento, mas não a morte. Em seguida, ele é convidado, de forma retórica, a despertar sua memória em relação a feitos do passado conjunto que demonstravam ser o convencedor digno de irrestrita confiança. Para reforçar essa tese, invoca-se a famosa alegoria de que o risco envolvido era tão ínfimo que um fio de cabelo sequer sofreria dano. Por último, lança-se a cartada final, sugerindo-se que o temeroso interlocutor teste sua segurança com parcimônia e malícia, expondo ao fogo as bordas de suas roupas em lugar das próprias mãos.

Malgrado todo esse esforço, Dante recusa-se com firmeza a prosseguir, induzindo, então, o Mestre a convencê-lo com um argumento sedutor: "Atente, filho, entre Beatriz e ti existe este único obstáculo!" (Purg. XXVII, 35-36, H. D.). Apesar de sensibilizado com a evocação de Virgílio, Dante ainda lhe lança um olhar súplice que o leva a franzir o cenho, pois, a essa altura, já percebera que seu engodo surtira efeito.

É fundamental, no entanto, reconhecer que o temor de Dante é plenamente justificado, uma vez que, finalmente, chegara ao ponto crucial de sua jornada. A entrada no Paraíso, prestes a ocorrer, simbolizava não só sua maturidade espiritual, mas também a reconciliação de sua mente com seu corpo, a evolução de uma existência terrena para a salvação eterna e, é claro, sua consagração como o poeta maior da língua italiana. Cônscio das aflições de Dante, Virgílio atravessa primeiro a cortina de fogo chamando-o a seguir para secundá-lo, ficando, assim, a cargo de Estácio proteger-lhe a retaguarda.

Como um pai emocionado que solta o filho no mundo, Virgílio despede-se de Dante:

> *Viste, filho, o fogo eterno e o fogo temporal e chegaste ao ponto a partir do qual eu, por mim, estou excluído. Trouxe-te aqui com engenho e arte, mas, agora, use seu discernimento como bússola. Já superastes as vias íngremes, os grandes obstáculos [...] De mim não ouvirás mais minha voz, nem terás notícias: teu arbítrio é reto, livre e saudável; seria um erro não usá-lo como critério. Por isso, eu te consagro com coroa e mitra (Purg. XXVII, 127-142, T. A.).*

Esse final épico chega em Dante como uma sagração, já que a mitra representava o poder espiritual e a coroa, o poder temporal. Dalí nos apresenta essa cena por meio de duas figuras alongadas que, chegando ao ápice de sua peregrinação, concretizam, literalmente, o coroamento do livre-arbítrio (Figura 21). Mas, como um processo de separação desse porte não é simples, sua descrição ainda se estenderá por seis Cantos. Para Virgílio, o término de sua missão significará a volta para o ostracismo do Limbo, enquanto, para Dante, a perspectiva de reencontrar a amada apoiando-se nas próprias pernas é algo que só terá pleno êxito após a elaboração do luto pela perda de seu condutor.

Encantado com a floresta do Paraíso Terrestre, Dante penetra nela "sem hesitar", mas cheio de precauções, ou seja, já agindo segundo sua vontade e seu critério como preconizara Virgílio: "Sanza piu aspettar, lasciai la riva, prendendo la campana lento lento su per ló suol che d'ogne parte auliva" (Sem delongas, afastei-me da encosta, entrando pela campina a passo lento, lento, e me envolvendo com seu perfume; Purg. XXVIII, 4-6, T. A.). Enlevado pela brisa suave que lhe afagava o rosto, pelo acalanto do farfalhar dos galhos e do trinado dos pássaros, bem como pela "sombra primeva" do monte, ele perde a noção de seu estado, só despertando porque um rio de águas límpidas interrompera seus passos.

Curioso quanto à natureza daquela corrente que parecia esquivar-se da luz do sol, embrenhando-se na "sombra perpétua" depositada na floresta, Dante surpreende-se com a súbita aparição de uma bela jovem que cantava sorridente enquanto colhia flores. Quando a jovem Matilde se digna a olhar para ele, Dante sente-se trespassado pelo dardo de Cupido, porém frustrado por estar dela separado pelo riacho: naquele contexto, essa barreira pareceu-lhe tão intransponível quanto o Estreito de Dardanelos o fora no passado para Leandro chegar até a sua amada Heros, postada na outra margem.

Inebriado, agora, com aquela figura primaveril, Dante a saúda com ardor:

Ó bela jovem, que aos raios do amor
te aqueces, a julgar pelo semblante,
que sói do coração ser fiador,
queiras chegar um pouco à beira avante,
para eu poder da essência vera
do canto teu entender o bastante.
Tu me fazes lembrar onde e qual era
Proserpina naquele tempo, quando
sua mãe perdeu-a e, ela, a primavera
(Purg. XXVIII, 43-51, I. E.).

Esse inesperado encontro com Matilde, antes da ansiada Beatriz, sugere que o Dante "purificado" ainda se mostrava sensível aos deleites do amor carnal. Isso nos é sugerido não só pela referência a Cupido, mas também pela vinculação da alegria da jovem com a região paradisíaca que o Criador oferecera como "berço da espécie humana". O espírito procriativo estava implícito no conteúdo do salmo *Delectasti* (91-94) que ela cantava com tanta felicidade: "Porque me alegraste, Senhor, com as Tuas obras. E eu exulto com as obras das Tuas mãos. Quão magníficas são, Senhor, as Tuas obras!". Ao explicar a Dante a "essência vera de seu canto", Matilde também está se interessando por um ser vivo com potencial procriador, pois Virgílio e Estácio, que surpreendentemente ainda estão por perto, são preteridos por ela por serem entes espectrais. É o que deduzimos pela fala dirigida a Dante:

> *És novato aqui, razão bastante para estranhares o meu cantar na região paradisíaca escolhida para berço da espécie humana. Se julgares que nisso não há consenso divino, basta recordar o salmo Delectasti para que a dúvida seja esclarecida. Tu que aos outros dois te adiantastes e a mim rogaste ajuda, se algo mais queres conhecer, pergunta, pois estou pronta a responder (Purg. XXVIII, 76-84, H. D.).*

Dante procura, então, esclarecer a natureza daquele riacho misterioso que lhe permite ouvi-la, mas não lhe permite tocá-la; no entanto, talvez por timidez, ele disfarça sua real intenção dizendo-se intrigado com a existência de água num local (como antes lhe dissera Estácio) desprovido de chuva, neve ou vento. Não por acaso, Matilde inicia sua explicação descrevendo a polinização fertilizadora que ali se processava espontaneamente. Essa referência a uma espécie de sexualidade bucólica sugere, a meu ver, que, transposta para a situação terrena, a sexualidade já não poupa o ser humano de exercê-la com o aval da responsabilidade inerente ao livre-arbítrio.

Numa análise direta, a explicação sobre a natureza do riacho sugere um princípio teológico de equilíbrio entre virtude e pecado:

*Nem ressurge o regato, certamente,
do vapor primitivo, em gelo feito,
como o rio que se enche, ou vaza, à frente,
mas emana da fonte sem defeito,
em que o sumo poder o reabastece
da água que perde num e noutro leito.
Aqui, por esta parte, eterno, desce,
extinguindo a lembrança do pecado;
da outra, o do bem cumprido robustece.
Aqui é Letes, lá Eunoé chamado;
o seu efeito, no entanto, só se opera
quando dos dois houver a alma provado
(Purg. XXVIII, 121-132, C. M.).*

Mas, numa análise indireta, o pecado original não deveria ser tomado como experimentar o fruto da Árvore do Bem e do Mal, já que a sexualidade, em si, não comporta essas categorias valorativas; o pecado, então, só poderia estar associado a um uso pervertido da sexualidade, e a virtude, a seu uso natural. Nesse sentido, esquecer a sexualidade bucólica paradisíaca seria um bom uso, enquanto lembrar-se dela e desejá-la seria um mau uso. De qualquer forma, o reconhecimento de que a alma precisa provar ambas as situações denota uma percepção global do processo, em que o uso criativo da sexualidade é a meta a ser alcançada. Por isso, Matilde arremata seu comentário *"cantando come donna innamorata"* o Salmo 31: "Bem-aventurados aqueles cujas iniquidades foram perdoadas, e cujos pecados são apagados". Numa leitura laica, poderíamos lhe fazer eco: "Felizes aqueles que ousaram provar da sexualidade e que aprenderam com essa experiência a alcançar a felicidade".

Mas Dante não consegue atravessar o Rio do Olvido, o que talvez o liberasse, momentaneamente, de reencontrar o amor platônico de Beatriz para entregar-se ao amor profano com Matilde. Em vez disso, ambos caminharam em paralelo pelas margens até que foram ofuscados por um intenso fulgor proveniente da luz de Sete Candelabros (símbolos dos sete sacramentos), enquanto ouviam pelo ar o suave canto de um Hosana. Deslumbrado com o espetáculo, Dante rememora a trágica transgressão de Eva, que privou a humanidade do usufruto dessas delícias. Sentindo-se desamparado com essa perda, volta-se, então, pela última vez, em busca do consolo de Virgílio: "Volvi-me, comovido, ao Mestre, então, que só me respondeu com seu olhar carregado, também, de admiração" (Purg. XXIX, 55-57, C. M.). Nesse episódio, parece completar-se o processo de separação com Virgílio: já não conseguem mais trocar palavras e, por meio do olhar, constatam que a separação é irreversível, mas, por outro lado, finalmente, atingiram um patamar de igualdade maravilhando-se em uníssono com o mesmo fenômeno.

Temos, assim, completado o cenário para que Dante comece a elaborar um duplo luto, o da perda do Paraíso e o da perda de seu querido Virgílio. Em seu estudo *Luto e Melancolia* (1973/1917, p. 248-249), Freud mostra que a primeira resistência a ser vencida quando perdemos um objeto amado é conseguirmos liberar a energia libidinal que investimos nele. Um artifício que se usa nessa circunstância é redirecionar aquela energia para o próprio Eu, ou, na sua famosa formulação poética, conseguir que "a sombra do objeto caia sobre o Eu": a consequência é desviar para si mesmo os sentimentos de raiva em relação ao objeto que o abandonou, mas também, conflitivamente, sentir-se superior àquele objeto por ter conseguido preservar a própria vida.

Na passagem anteriormente citada (Purg. XXIX, 55-57) e um pouco antes, quando Dante invoca as musas para conseguir descrever, de forma inspirada, as delícias do Paraíso,

> Ó Musas – se a fome, o frio e as vigílias que por vós padeci merecem prêmio, é chegado o momento de vos pedir proteção. Ora convém que a fonte Hipocrene verta sobre mim as suas águas inspiradoras, e que Urânia, com o seu coro, inspire-me a narrar em versos os prodígios que me foram dados ver (Purg. XXIX, 37-42, H. D.).

tudo se passa como se a sombra de Virgílio já começasse a cair sobre Dante. O próprio interesse por Matilde, bem como o anseio de reencontrar Beatriz em breve, evidenciam que o investimento amoroso em Virgílio começa a arrefecer, estando prestes a ser substituído por esses outros vínculos. Nesse momento, Dante encontra-se assediado por várias demandas: a separação de Virgílio, a iminência da Salvação, o reencontro com Beatriz, a sensualidade de Matilde, o reconhecimento do significado da perda do Paraíso e, finalmente, a necessidade de manter um Eu coeso e operativo para enfrentar demandas tão divergentes.

A ameaça de se ver dividido encontra expressão quando ele percebe que, "Bem aos meus pés, a linfa refulgia, e, como o espelho, quando me inclinei, meu flanco esquerdo inteiro, refletia" (Purg. XXIX, 67-69, C. M.) – ao contrário de Narciso, encantado com a própria beleza, Dante mostra-se preocupado em ter a sua vontade cindida entre o lado esquerdo e o direito. Essa sua ansiedade confirma-se a seguir, quando ele percebe que a luz dos candelabros deixava um rastro multicolorido no ar, constituindo-se, assim, numa alegoria da fragmentação da luz solar que gera o arco-íris: as cores da fragmentação da vontade, no entanto, nem sempre são coloridas...

Transtornado com essa pirotecnia, Dante é advertido por Matilde de que, em realidade, ela anunciava uma solene procissão composta por 24 anciãos que, com as cabeças cingidas por lírios, entoavam um cântico compassado: "Sejas tu bendita entre as filhas de Adão, e abençoada em eterno a beleza que te habita" (Purg. XXIX, 85-87, I. E.). Essas figuras, associadas aos livros do Velho Testamento (Apocalipse, IV, 4), estavam encabeçando um cortejo cujo núcleo central era constituído por um carro (a Igreja) puxado por um Grifo (Jesus Cristo). Por isso, é de supor-se que a filha de Adão habitada por belezas fosse a própria Igreja, a qual vinha circundada por quatro animais (representando os quatro Evangelistas: João, Marcos, Lucas e Mateus), pelas três virtudes teologais (a Fé, a Esperança e a Caridade), pelas quatro virtudes cardeais (a Prudência, a Justiça, a Temperança e a Fortaleza) e, por último, por sete insignes anciãos: os apóstolos Lucas e Paulo, os autores das epístolas canônicas (São Pedro, São João, São Tiago e São Judas) e, fechando toda a procissão, um velho solitário representando o Apocalipse (que, simetricamente, encerra o Velho Testamento).

Ainda entretido com o elaborado simbolismo desse séquito, Dante é atingido por um coro triunfal composto de cem anjos que se ergueram do carro divino saudando a chegada de Beatriz e espargindo lírios sob inspiração de um verso de Virgílio: "Atirai lírios a mancheias!" (*Eneida*, V). É significativo que Dante (personagem) louve o reencontro com Beatriz prestando essa singela homenagem a Virgílio, que, finalmente, desaparecera, quando ele faz uma tentativa alucinada de compartilhar a emoção infantil que o invadiu.

Sem que meus olhos lhe pudessem reconhecer as feições, meu espírito sentiu, mercê da força oculta nele deixada por amor antigo, sua profunda influência. Dei-me conta de estar de novo sob o império do sentimento que já me dominara na infância. À esquerda me voltei, com ansiedade própria do tenro infante ao buscar o regaço materno, sob impulso do medo ou da aflição (Purg. XXX, 37-45, H. D.).

Notemos que, nesse instante crucial da separação, Dante retorna a um estado infantil de desamparo evocando a figura materna diante da perda eminente do pai. Como se o Mestre ainda estivesse presente, ele chega a dizer-lhe: "Um só grama não me ficou do sangue sem fremir: sinto de novo arder a velha flama" (Purg. XXX, 47, C. M.). Mas, sem obter resposta, ele obriga-se a concluir: "Mas Virgílio acabara de partir, Virgílio o caro pai (*dolcissimo patre*), Virgílio que pela estrada me conduzira ali por me remir. / Nem o esplendor de que Eva foi privada, / pôde impedir que a lágrima dorida a vista me toldasse conturbada". Diante do sofrimento de seu protegido, Beatriz intervém para consolá-lo: "Não chores Dante, à simples despedida de Virgílio, não chores mais à toa, guarda o teu pranto para outra ferida" (Purg. XXX, 46-57, C. M.).

É preciso que nos detenhamos nessa intervenção de Beatriz: "Dante, perché Virgílio se ne vada, non pianger anco, non piangere ancora; che pianger ti conven per altra spada". Note-se que essa é a única menção ao nome de Dante em todo o poema, cabendo a Beatriz a responsabilidade não só de nomeá-lo, mas também de alertar o poeta de que ele contivera as lágrimas quando Virgílio o socorrera na selva escura, mas que, agora sim, ele teria de empregá-las para lavar feridas futuras. Em contraste com o pai tolerante e compreensivo que estava indo embora, Beatriz apresenta-se como uma mãe severa que não se importa em encarnar a consciência culpada de Dante: "Assim parece ao filho, a mãe severa / como ela a mim pareceu, ao provar / o gosto amargo da piedade austera" (Purg. XXX, 79-81, I. E.).

Ela, então, o repreende pela ousadia de ascender ao Monte do Paraíso malgrado sua carga de culpas, ferindo-o com a espada da consciência: "Como ousaste subir até aqui ao monte? Não sabes ser este sítio reservado ao homem ditoso?" (Purg. XXX, 74-75, H. D.). Acuado e constrangido, Dante abaixa o olhar, mas ainda se sente perseguido porque ele lhe fora devolvido pelo reflexo da água, fazendo-o "provar o gosto amargo da piedade austera" (Purg. XXX, 80-81, I. E.). Num gesto em fragrante contraste com aquele de Narciso, em vez de se embevecer com a própria imagem, Dante foge dela por reconhecer-se humilhado e envergonhado. Vale a pena nos remetermos à Figura 22, na qual Salvador Dalí, com seu espírito visionário, nos oferece uma encenação desse episódio epifânico, onde o Eu se retrai entre temeroso e arrependido.

Sentindo seu espírito congelado, ele sequer conseguia chorar, mas conseguiu recuperar algo de seu ânimo, pois os Anjos que secundavam Beatriz o saudaram com o Salmo de Davi – "Esperei em ti Senhor" –, que é um canto de esperança e misericórdia. Emocionado com o inesperado apoio da esquadra angelical, Dante, finalmente, prorrompe num choro convulso, assim provando a Beatriz a sua total redenção: "O gelo que me enchia o coração solveu-se em ais e pranto, repontando à boca e aos olhos meus em convulsão" (Purg. XXX, 97-99, C. M.).

Mas Beatriz não se dá por satisfeita, exortando Dante a confessar abertamente os seus pecados olhando-a diretamente nos olhos, antes de poder submergir no Letes para esquecê-los por definitivo: "Que promessa ou graça insinuante / surgiram do outro lado te acenando, / que a elas te abandonaste, delirante?" (Purg. XXXI, 28-30, C. M.). Ao mesmo tempo, a admissão de culpa é sugerida como um passaporte para a salvação: "Mas, quando o réu a própria falta atesta, / inverte-se, neste alto tribunal, / em seu favor a roda, suave e presta" (Purg. XXXI, 40-42, C. M.).

Optando, agora, por uma suave e amorosa segurança, ela justifica a sequência de seus procedimentos após ter morrido, face aos desvarios de Dante:

Quando abandonei a carne convertendo-me em espírito, engrandecendo de beleza e virtude, diante dele tornei--me menos querida. Teus passos dirigistes então por falsas trilhas, impregnando-se de imagens enganosas que nunca se revelam confiáveis. Através de sonhos e outros artifícios procurei lhe inspirar, mas isso pouco lhe importou (Purg. XXX, 127-135, T. A.).

Tão fundo mergulhou no pecado que, para reerguê-lo, não havia senão um remédio: mostrar-lhe as penas que no Inferno aguardam as almas danadas. Com este intento é que baixei ao limiar dos mortos e àquele que o guiou até aqui, dirigi rogos e prantos (Purg. XXX, 136-141, H. D.).

Porém, quando a duras penas seus olhares se cruzaram, Dante relata que: "Minhas pupilas, algo ainda inseguras, / viram Beatriz atenta ao Grifo alado, que / em si unia ali duas naturas" (Purg. XXXI, 79-81, C. M.). Ora, o Grifo, como sabemos, é um monstro alado com cabeça de águia e corpo de leão que, na iconografia cristã, representaria o Cristo em sua dupla natureza: humana e divina. Nesse momento, Dante desmaia lacerado pelo remorso de ter se transviado após a morte de Beatriz, sendo reanimado por Matilde, que o mergulha no Letes purificando-o e o credenciando a ser amparado pelas quatro Virtudes Cardeais.

A tarefa precípua dessas Ninfas seria ajudar Dante a poder encarar o sermão com o qual Beatriz continua atiçando os seus brios. Para tanto, elas o encaminham aos cuidados das três Virtudes Teologais, a Fé, a Esperança e a Caridade, que deverão fortalecer sua visão frontal da verdade. Mas como conseguir isso? Dante (autor) arquiteta esse processo pela interposição do Grifo entre ele e Beatriz; levado diante dela, que olhava atentamente para o monstro, as três ninfas o instruem: "Observa o mais atentamente possível os seus olhos, embora fites as esmeraldas que, contra ti, dardos do amor já lançaram" (Purg. XXXI, 116-117, H. D.). O que está aqui anunciado é que Dante deveria relevar os raios amorosos emanados do olhar de Beatriz para divisar, ali, algo transcendente. Nesse instante, Dante dá-se conta da imagem do Grifo refletido de forma mágica nos olhos de sua amada: "Qual sol refletido em espelho, na fera eu via natureza dupla: ora divina ora humana. Imagina, leitor, qual tenha sido o meu pasmo ao constatar que o Grifo não mudava de aspecto, ao passo que a sua imagem reflexa continuamente se alterava" (Purg. XXXI, 121-126, H. D.). Notemos que, em momentos estratégicos nos quais ele se sente abandonado pelas figuras significativas de sua vida, nesse caso Virgílio e Beatriz, o Dante personagem socorre-se de um interlocutor inusitado, o leitor, em busca de solidariedade e compreensão.

Nesse belo episódio, a teoria de figuração de Auerbach aplica-se como uma luva. De fato, após ter lançado a Dante uma série de invectivas verbais, Beatriz introduz um recurso alegórico para ajudá-lo a compreender o drama de sua vida. Nesse contexto, a dupla natureza do Grifo estaria figurando não só as dimensões humana e divina do Cristo, mas também Dante na condição daquilo que a psicanálise chama de objeto total, ou seja, o indivíduo tanto pecador quanto virtuoso. Portanto, ao se perceber assim refletido no olhar de Beatriz, em que sua essência "continuamente se alterava", seria de se esperar que Dante pudesse incorporar esse autoconhecimento como uma substância amorosa oferecida por sua Salvadora: "Minha alma, em pasmo, mas pacificada, deste suave alimento se nutria, sem quedar-se, entretanto, saciada" (Purg. XXXI, 127-129, C. M.).

Após explorar, em detalhes, o interrogatório de Beatriz a respeito das culpas de Dante, o foco da narrativa passa a privilegiar o destino do carro triunfal que representava a Igreja. Secundado por Estácio e Matilde, Dante passou a acompanhar o deslocamento do carro no interior do bosque do Paraíso, que, em virtude da transgressão de Eva, perdera sua exuberância original. De repente, o séquito estanca diante de uma imensa árvore cujo tronco fora totalmente despojado de folhas e flores, mas cuja copa alçava-se pujante em direção ao Céu. Em uníssono, todos exclamaram: "Adão!", deixando entrever tratar-se da Árvore do Conhecimento do Bem e do Mal, cuja base, agora ressequida, fora atada ao carro pilotado pelo Grifo sugerindo que a Igreja também possuía uma face terrena corruptível. Ao valer-se, aqui, do simbolismo da árvore, Dante (autor) quer chamar nossa atenção para o paralelismo entre duas evoluções criativas – a biológica (representada pela árvore da vida) e a psicológica e histórica (representada pela árvore do conhecimento). Após sofrer a queda no Jardim do Éden, o Homem consegue sua redenção por meio da crucificação do Cristo, que, por metonímia, transforma-se na árvore-eixo do mundo.

Mas, apesar de ofuscado pelas exortações virtuosas de Beatriz, no momento em que está prestes a ser admitido no Paraíso, Dante (autor), ao referir-se ao fruto proibido, obriga-nos a refletir sobre o dilema que se abateu sobre nossos primeiros pais e foi magnificamente relatado no *Paraíso Perdido* de Milton. Se Adão e Eva tivessem permanecido igualados na pureza, teriam escapado do pecado, mas ficariam aprisionados numa esterilidade e nunca teriam conhecido a alteridade: a árvore que agora surge, "despida de folha ou fruto ou qualquer floração" (Purg. XXXII, 38-39, I. E.), representa bem essa esterilidade. Não por acaso, quando, após a ablução no

Eunoé, o rio que renova a memória das boas ações, Dante percebe-se totalmente purificado, a imagem que utiliza é o da planta revestida com uma nova floração. Fica difícil, nesse contexto, condenar o Dante histórico por ter experimentado o "pecado aculturado", qual seja, a versão sem inocência e humanizada do pecado original.

Beatriz, portanto, não deixa de representar uma instância superegoica repressora do próprio Dante a exigir, obstinadamente, que ele mergulhasse no Letes, o rio do esquecimento, para livrar-se do passado pecador e, a seguir, se banhasse no Eunoé para consolidar as suas virtudes. Só assim ele se sentiu autorizado a subir às "fulgidas estrelas" que simbolizavam a Salvação: "Volvi da sacratíssima ablução / purificado como as plantas belas / que se vestem de nova floração / pronto a subir às fulgidas estrelas" (Purg. XXXIII, 142-145, C. M.).

Esse final feliz, no entanto, camufla a questão central do mito do Jardim do Éden, pelo menos do ponto de vista psicanalítico, que é a questão do livre-arbítrio. Na narrativa elaborada por Milton, Satanás (que significa, em hebraico, adversário de Deus) tem seu orgulho ferido ao ser expulso pelo Todo-Poderoso e, por isso, desenvolve uma inveja venenosa que ele decidiu instilar em Eva, sabendo que ela, com certeza, contaminaria Adão. Disfarçado de Serpente, ele seduz Eva com a argumentação de que a proibição divina visava tão somente impor uma servidão ao Homem, impedindo-o de alçar--se àquele patamar.

O mais pungente no poema de Milton não é a sedução de Eva, mas a solidariedade de Adão em relação à sua companheira ou, melhor ainda, sua percepção de que seus destinos estavam, indissoluvelmente, ligados por uma lei natural. Diz-lhe Adão:

Tu és a carne da minha carne, o osso dos meus ossos: uma mesma sorte nos está determinada. A Natureza (eu o sinto no meu coração) com os seus laços poderosos, arrastando-me para ti, me reencaminha para mim mesmo: tudo o que és, de mim sai, e perder-te eu, seria perder-me a mim mesmo (Milton, 1830, p. 37-38).

Uma leitura é que Adão se deixou seduzir por Eva por amor a ela, mas também poderíamos pensar que foi esse gesto transgressor, filho do livre-arbítrio, que os instituiu como um casal procriativo e não estéril. Quem sabe pudéssemos pensar que, restringindo sua imperfeição humana por interferência de Virgílio, Dante pudesse se apresentar a Beatriz como um parceiro procriativo e não mais como um mero pretendente platônico. Em seu poema, Dante empreende uma crítica teológica à condescendência humana que, ao atribuir aos astros a responsabilidade das suas ações, desqualifica o livre-arbítrio neutralizando a atribuição de justiça (Purg. XVI, 67-73, C. M.). Mas, por outro lado, ao chegar ao Paraíso, comemora gratamente com Beatriz ter alcançado, por meio do livre-arbítrio, uma liberdade sublime: "Da servidão me alçaste à liberdade" (Par., XXXI, 85, C. M.).

Talvez inconscientemente, Dante (autor e/ou personagem) se insurgiu contra as demandas repressoras e moralistas de Beatriz, sentindo-se atraído sensualmente por Matilde na antecâmara do Paraíso. Após sua longa jornada, ele parece ter aprendido que o mais importante não é ser resgatado da selva escura, mas sim ter a ousadia de poder experimentar da Árvore do Conhecimento, ou seja, de não se entregar à infantilização implícita em toda danação. Isso coaduna-se também com uma premonição de que a condição transcendental de Beatriz, fatalmente, a levaria para junto de Deus, condenando-o a um segundo, e definitivo, abandono. De fato, quando o poeta, já no Empíreo, busca por Beatriz, é atendido por São Bernardo, que deverá encaminhá-lo a Nossa Senhora enquanto sua amada idealizada já está entregue à contemplação de Deus, a "fonte da ventura" (Par. XXXI, 93, C. M.). Bernardo de Claraval, que, por seus dotes retóricos, fora cognominado "Doutor Melífluo", intercede junto a Maria para que Dante se entregue à contemplação divina: "Este, que dos desvãos finais do Inferno / chega, já tendo visto, uma por uma, / as três partes do reino sempiterno, / roga-te, qual na terra lá costuma, / a graça de lhe abrires a visão / ao resplendor da claridade suma" (Par. XXXIII, 22-27, C. M.).

4. *Neque nubent*

Os seres são leves porque estão vivos.

(Alberto Giacometti)

No Canto XIX do Purgatório, há uma bela passagem inspirada no Evangelho de São Mateus, quando Jesus, contrapondo-se a uma indagação dos saduceus, lembra-lhes que, segundo as Escrituras, após a Ressurreição, cessam os poderes carnais das almas que, assim, ficam impossibilitadas de casar (*neque nubent*). Dante tivera um sonho no qual apresentou-se a ele "uma plácida sereia que os marinheiros paralisa e encanta, tal o prazer que os enleia" (Purg. XIX, 19-21, C. M.). O sentido dessa aparição foi lembrar-lhe que entrava num giro em que se purgavam os gozos dos prazeres materiais, ou seja, a avareza, a gula e a luxúria. Num primeiro momento, a mulher pareceu possuir "olhos vesgos, voz tartamudeante, ser coxa e maneta e ter a face descorada" (Purg. XIX, 8-9, C. M.), mas, num segundo olhar, "Como a luz do sol radiante [...] sua língua soltou-se e o busto inflando ergueu-se, enquanto o rosto macilento de amoroso rubor foi-se tomando" (Purg. XIX, 10-15, C. M.).

Ao descrever essa viva oscilação entre a mulher física e moralmente degradada e a sereia sedutora que chegara a enfeitiçar Ulisses, Dante (autor) já demonstra uma consciência de que, na vida terrena, os poderes carnais não cessam mediante imposições morais ou metafísicas, mas precisam ser administrados segundo as responsabilidades do livre-arbítrio. Essa alegoria da dissolução das núpcias terrenas foi oferecida a Dante (personagem) pelo Papa Adriano V (c. 1210-1276), que explicou ao poeta que, ali no Purgatório, cessavam as diferenças hierárquicas e todos se encontravam em igualdade de condições. Em outras palavras, Dante não só deixara de ser aprendiz de Virgílio, mas podia, agora, olhar também para Beatriz sem culpa.

Aproveitaremos a dissolução das "núpcias" entre Dante e Virgílio para explorar os contrastes entre a encarnação e a imaterialidade, entre a historicidade temporal e a eternidade atemporal, entre o realístico e o farsesco, entre o humano e o Divino. O ponto de partida inevitável dessa análise é a já mencionada inserção de Estácio na trajetória final do Purgatório, quando Dante e Virgílio, após terem cruzado com duas almas avarentas insignes, o Papa Adriano V e Hugo Capeto (940-996), fundador de uma dinastia malsã na França, sentem a terra tremendo e escutam um coro de almas arrependidas gritando "*Gloria in excelsis Deo*". Dante sente-se sequiosamente curioso para esclarecer esse mistério quando "Eis que, como Cristo que ao sair da sepultura abordou dois caminhantes, segundo a narrativa de Lucas, uma sombra surgiu dirigindo-se diretamente a nós" (Purg. XXI, 7-10, T. A.), sendo amistosamente saudada por Virgílio: "No bem-aventurado sítio dos eleitos sejas posto pela mesma santa corte que a mim relega ao eterno exílio" (Purg. XXI, 16-18, H. D.).

Essa sombra, que depois se identificará como sendo do poeta Estácio, acerta o passo com eles para melhor contestá-los: "Como! Se sois almas por Deus sentidas como indignas, quem os está guiando nesta escalada? (Purg. XXI, 19-21, T. A.). Virgílio lhe explica, diplomaticamente, que Dante está trilhando o caminho da Salvação, invocando como testemunho as letras que lhe tinham sido inscritas na testa pelo Anjo: após desarmar suas suspeitas, aproveita para pedir-lhe esclarecimentos quanto ao significado do mistério que tinham acabado de presenciar. Ficam sabendo então, como já vimos, que ele, Estácio, terminara de cumprir sua pena, fato este que sempre era comemorado no Monte Purgatório por meio de um abalo sísmico e da glorificação em uníssono de Deus, algo que já ocorrera diante dos pastores quando do nascimento de Cristo. Essa explosão de júbilo explica-se porque o pecador, que na terra passara a ser escravo da força gravitacional do pecado, agora que está aliviado da culpa, se sente leve, elevando-se para o Céu como um balão festivo.

Ao identificar-se, Estácio apresenta-se como um poeta que "era assaz famoso, mas não conhecia a fé" (Purg. XXI, 85-87, H. D.), tendo, por isso, amargado quinhentos anos de purgação no círculo dos avarentos com a face voltada para o chão, numa clara alusão ao peso de seu pecado. Dante (autor) apresenta Estácio, em seu poema, como um Cordeiro Pascal, ou seja, como um modelo primário de conversão e, por isso, provavelmente, é escalado para escoltá-lo no momento em que ele se separa de Virgílio e encontra Beatriz: a estrela do seu guia se apagando, Dante passa a tocha para Estácio na expectativa de que ele não repita o erro de Virgílio, que, na avaliação do recém-chegado, "parece alguém que carrega uma lanterna nas costas, beneficiando o próximo, mas não a si próprio" (Purg. XXII, 67-69, T. A.), ou seja, uma alegoria do vício da prodigalidade irresponsável, que era, historicamente, atribuído ao autor da *Eneida*.

Ao sugerir que a verdadeira realidade está no Mundo do Além, Dante relegou a vida terrena a uma "sombra do futuro", uma *umbra futurorum*, que, como já vimos, seria uma prefiguração da realidade transcendente a ser, mais tarde, preenchida por ela. Na visão de Auerbach, a função do Dante peregrino é reencontrar os seres terrenos no futuro transcendente em que eles aparecem na plenitude de suas qualidades, entregando-se às suas paixões, algo impossível na vida terrena, na qual, "por timidez ou falta de oportunidade, elas se escondem e estiolam". Essa revisão valorativa será sempre emocionante, gerando nos participantes reações de surpresa, assombro, alegria ou horror. Foi o que aconteceu, por exemplo, quando Dante reencontrou Forese Donati, seu querido companheiro da juventude, irreconhecível entre os emaciados glutões do Purgatório, que:

Tinham elas do olhar a órbita cava,
pálido o rosto e já tão descarnado,
que dos ossos a pele se enformava.

E eis que uma sombra, do fundo da testa,
cravou-me um fixo olhar; depois com gosto
gritou: "Que graça pra mim é esta?"

Nunca ia reconhecê-lo pelo rosto,
mas foi sua voz que me tornou patente
o que havia seu semblante decomposto
(Purg. XXIII, 22-24 e 40-45, I. E.).

No Outro Mundo, segundo o autor da *Comédia*, cessa a temporalidade, as almas perdem a sua forma histórica mutável e adquirem uma forma verdadeira e definitiva que o Juízo Divino revelou e fixou para toda a eternidade: Forese Donati, por exemplo, permanecerá sempre como um corpo espectral descarnado, a menos que consiga purgar sua gula visceral. Essa dramaticidade do poema de Dante lhe confere um "realismo" que o coloca a salvo de qualquer desvio para o farsesco que, no teatro cristão, sempre podia resvalar para o vulgar. Assim, por exemplo, no Purgatório, após Guido del Duca e Ranieri da Calboli terem vituperado longamente contra a corrupção endêmica na Romanha e em Florença, ambos se calam, e, tendo como pano de fundo o silêncio a emoldurar o ruído dos passos de Dante, esse sinal realístico é interpretado como índice seguro de estarem no rumo certo: "Mas prossegue Toscano, pois nesta hora / mais me agrada gemer do que falar, / tamanho o mal que em minha boca aflora. / No seu silêncio os dois, como a escutar / meus passos pela estrada ressoando, / dir-se-iam nosso rumo confirmar" (Purg. XIV, 124-129, C. M.).

Para essas almas separadas do corpo, nada mais pode ser mudado na vida terrena, enquanto no Além as paixões e as tendências que as animaram tornam-se compensadas e exacerbadas, pois não podem ser descarregadas pela ação. Num belo ensaio sobre a espectralidade de Veneza, Giorgio Agamben (2010, p. 67) nos lembra de que, por outro lado, a recordação de um morto, como disse Kirkegaard, "é o ato de amor mais desinteressado, puro e fiel", mas, talvez por isso mesmo, o morto seja o objeto de amor mais exigente, diante do qual estamos sempre desarmados e inadimplentes, em fuga e distraídos.

Mas é preciso, também, observarmos a extinção das núpcias entre o corpo e o espírito quando o Peregrino, finalmente, consegue apresentar-se diante de Deus com a visão "aberta ao resplendor da claridade suma". No Paraíso, as emoções se manifestam pelos contrastes na intensidade do brilho, seguindo um princípio já esboçado por Longino, segundo o qual a oposição luz *versus* sombra, ou *adumbratio*, cria elementos de retração (*abscendentia*) e outros de saliência (*prominentia*). A sombra, podia-se dizer, é uma prova indireta dos limites da propagação da luz e, ao mesmo tempo, uma prova direta de uma perseguição implacável, apesar de fugidia. O estudo das sombras pode ter estado na base do estudo da geomancia antiga, daquilo que podia orientar o homem com o pé na terra, mas que mantinha o espírito voltado para o alto, em busca de um rumo transcendente.

Como costuma acontecer, a ausência das sombras pode nos fornecer informações importantes tanto sobre sua natureza quanto suas implicações. A sabedoria chinesa, por exemplo, sempre associou a ausência de sombra à permeabilidade absoluta dos corpos, que atingiram a purificação ou romperam as barreiras da existência corporal alcançando a imortalidade. Em nível simbólico, os imperadores não projetavam sombras, pois ocupavam sempre uma posição central em relação ao zênite do Sol. Em nossa cultura, as sombras sempre tiveram um significado paradoxal, estando associadas, por um lado, a um inquietante local de conspirações e, por outro, a uma fascinante fonte de conhecimento, como a alegoria da Caverna de Platão (427-347 a.C.) exposta no Livro VII da *República*.

Nessa alegoria, a precária natureza humana é descrita como prisioneira de suas ilusões ao substituir o *ser* pelo *parecer*. Nas suas origens, o homem estaria mergulhado nas trevas de uma caverna e condenado a apreender o mundo por meio da projeção de sombras em suas paredes; no entanto, impelido a buscar a luz e libertar-se de sua ignorância, ele vê-se obrigado a romper seus grilhões e emergir no espaço exterior, da mesma forma que, se conta, "alguns deixaram o Hades para subir até os Deuses". Ao fazê-lo, ele percebe o quanto tinha se deixado enganar por "tomar sombras como se matéria fossem", se usarmos a expressão poética de Dante. De fato, o mundo, agora, passa a ser vivo e animado, colorido e tridimensional, seus objetos se apresentam como presenças e não ausências como as sombras, as quais, por isso mesmo, são planas e descoloridas (*skia*, o antigo termo grego para sombra, também significava vestígio).

Segundo Platão, os olhos estariam sujeitos a dois tipos de perturbações incidentes em dois momentos diferentes, quais sejam ao passar da luz para a escuridão e da escuridão para a luz. Nesse segundo caso, ele chega a traçar uma progressão gradual da percepção em direção à fonte da iluminação, o Sol ou Deus, representando também a fonte do conhecimento:

> Seria preciso, creio, que se habituasse, se pretendesse ver o que estivesse no alto. Primeiro, ia ver muito facilmente as sombras, depois as imagens dos homens e a dos outros objetos na água e, mais tarde, os próprios homens e os objetos; depois à noite, voltando o olhar para a luz dos astros e da lua, contemplaria o que estivesse no céu e o próprio céu com mais facilidade que, durante o dia, o sol e a luz do sol. Em último lugar viria o sol, ele seria capaz de ver e contemplar o próprio sol, tal qual ele é. Depois, inferiria que é ele que cria as estações e os anos e tudo governa no mundo visível e é, de certo modo, a causa de tudo aquilo que viam (Platão, 2006, p. 269).

Apesar de somente *Timeus* ser plenamente conhecido na cristandade medieval, é provável que Dante tenha tido acesso a outros dos diálogos platônicos a partir de Cícero, Sêneca, Santo Agostinho, Boécio e mesmo algumas críticas de Aristóteles. Assim, é possível que muito do périplo do Peregrino na *Divina Comédia* tenha também se inspirado em Platão, em especial quando ele preconiza que os egressos da caverna, depois de terem alcançado a visão da essência do Ser, deverão a ela retornar para compartilhá-la com aqueles que, ainda presos a uma chumbada de prazeres concupiscentes, mantêm o olhar da alma voltado para baixo. Talvez essa tenha sido a semente da ideia de Dante (personagem) poder retornar à terra depois de seu périplo transcendente.

Além do mais, não nos esqueçamos de que, nos diálogos platônicos, o conhecimento emerge mediante a argumentação exaustiva entre um mestre e seu discípulo, no caso entre Sócrates e Glauco. Como vimos, o personagem Dante causou estranheza, mas, ao mesmo tempo, foi cortejado ao longo de seu trânsito em função dessa sua capacidade de poder retornar à Terra, como uma espécie de embaixador dos condenados, após ter sofrido um processo de transumanização.

Para dar conta das modificações por ele sofridas no momento da Salvação, Dante criou o neologismo *"transumanar"*: "Não se poderia descrever o *transumanar* através de palavras, ficamos, pois, limitados ao exemplo daqueles a quem esta graça foi concedida" (Par. I, 70-72, T. A.). Ele compara a metamorfose que se abateu sobre ele quando seu olhar encontrou Beatriz àquela descrita por Ovídio como tendo ocorrido com Glauco, um pescador da Beócia que, após ter tomado o extrato de uma planta mágica e entrado no mar, foi purgado de sua natureza mortal pelas divindades marítimas, transformando-se em um Deus.

Dante credencia-se, assim, como um artista na arte de transcender o humano.

5. O proto-húmus do Ser

Historicamente, quis o destino que Virgílio e Dante fossem parceiros também nas circunstâncias de suas vidas e mortes, apesar de as mesmas terem suscitado diferentes repercussões. De fato, ambos permaneceram como exilados durante suas vidas, tiveram mortes precoces por malária durante missões patrocinadas por poderosos governantes e suas obras-primas confluíram na narrativa de exílios, Virgílio extraindo o tema da errância da *Odisseia*, de Homero, sendo a *Comédia* uma odisseia da alma de Dante.

Virgílio morreu em 21 de setembro de 19 a.C. em Brindisi, com 51 anos, retornando da Grécia, onde fora para conhecer as locações da sua *Eneida*. Estando doente, acatou o convite para retornar à sua Mântua natal, mas a morte o interceptou em Brindisi. Talvez o maior mérito de Virgílio tenha sido instilar vida nas figuras mitológicas, como quando, emulado por Augusto, descreveu a epopeia de Eneias como gesto fundador da cultura romana, destacando seu caráter "maravilhoso", expressão natural do pensamento primitivo que enxerga a mão de Deus em todo lado, confundindo, assim, o Céu e a Terra (Humbert, 1932, p. 191).

Vejamos a narrativa mitológica que Bulfinch ([n.d.], p. 223) nos oferece da chegada de Eneias ao Lácio:

> Era noite e Eneias acostou-se nas margens de um rio sob o céu estrelado. O Deus do rio, Pai Tibre, assomou sua cabeça por sobre os ramos do salgueiro para dizer: "Oh! fruto-de-uma-Deusa, senhor predestinado do reino latino, esta é a terra prometida, este deverá ser seu lar, aqui terminarão as hostilidades do poder divino, desde que você persevere com fé. Não muito longe, encontrarás amigos. Prepare suas embarcações e reme a montante desta correnteza: eu lhe levarei até Evandro, o chefe dos Árcades. Há tempos ele está brigando com Turno e os Rútulos, e está desejoso de se aliar com você. Levante-se! Ofereça seus votos a Juno e se insurja contra sua ira. Quando tiveres conseguido sua vitória, pense em mim!".

Virgílio, agonizante em Brindisi e desiludido com sua época, decidiu destruir os manuscritos de seu poema épico, o que acabou não acontecendo por interferência do Imperador. Esse episódio foi descrito de forma magnífica no poema lírico *A Morte de Virgílio*, de Hermann Broch (1886-1951), construído sob forma de um monólogo interior oniroide. Ao descrever as rememorações finais de Virgílio a respeito de suas origens, Broch (2014) nos oferece uma descrição que poderia ser estendida a Dante:

> Por todo lado ele se encontrava a si próprio [...] então, as coisas eram assim porque elas sempre lhe tinham pertencido [...] porque todas elas em conjunto, quer as tivesse alguma vez vivido ou não, estavam incorporadas desde a sua mais remota origem qual caótico proto-húmus

do seu próprio ser, a sua própria luxúria, o seu próprio cio, a sua própria avidez, o seu próprio pesadelo, mas também a sua saudade [...] A quem for concedido apanhar a fugidia fugacidade do vulto da morte, quem conseguir em permanente escuta e procura dar forma à morte, encontra com a autenticidade dessa figura a sua própria silhueta, deu forma à sua própria morte e com isso configurou-se a si próprio estando liberto da queda no húmus do que não tem forma (p. 40-94).

Ou seja, prestes a morrer, Virgílio retrocede progressivamente a etapas anteriores do Ser, percorre inversamente o caminho do Paraíso, transportando-se às etapas primordiais das vidas animal, vegetal e mineral. Atravessando a separação original entre luz e trevas para a fonte da criação, e novamente unido a Deus, atinge o Uno em que todos os contrários se reconciliam (Cantinho, 2003).

É notável a ausência, na *Divina Comédia*, de qualquer referência aos pais, Alighiero e Bella Bellincione, à esposa, Gemma Donati, e aos filhos. Por outro lado, também notável é a forma como Dante, num gesto espontâneo, mas transbordante de vaidade, estabelece uma autovalidação de sua ancestralidade, elegendo como seus "progenitores", simetricamente, Brunetto Latino, no Canto XV do Inferno, e Cacciaguida, no Canto XV do Paraíso.

Ao se defrontar com seu trisavô Cacciaguida no "Céu de Marte", inspirado no encontro profético de Eneias com seu pai Anquises (*Eneida*, VI), Dante pretende não só atribuir-se uma origem íntegra e nobre, mas também digerir as profecias sombrias a respeito de seu desterro, bem como garimpar a natureza de seu "proto-húmus". Instigado por Beatriz, Dante anima-se a interpelar esse nobre parente, que teria morrido como cruzado na Terra Santa, em busca dos ensinamentos oraculares que tanto ansiara:

> Ó amado ancestral, glorioso a ponto de ascender ao Céu,
> assim como foi possível à mente humana entender que
> em um triângulo não podem estar contidos dois ângulos
> obtusos, assim tu, mirando aquele Ponto (Deus) de onde
> todos os tempos podem ser devassados, consegues antever
> o porvir (Par. XVII, 13-18, H. D.).
>
> Vós sois meu genitor, de vós recebo ousadia suficiente
> para tudo falar: vós me elevais com o falar-me, a me
> fazer mais do que sou. Tantas fontes deitam alegria em
> meu espírito que ele se esforça por conter, sem se partir,
> tamanha felicidade (Par. XXVI, 16-21, H. D.).
>
> O vós de que houve Roma a primazia
> mas era de uso ali menos constante
> veio-me à boca em preito à fidalguia
> (Par. XVI, 10-12, C. M.).

Depois de ter ouvido muitos vaticínios no Inferno e no Purgatório a respeito de seu futuro, Dante dispõe-se a ouvir, agora, uma opinião balizada e sincera, pois "grato ser-me-ia conhecer o alcance de tais golpes, pois parece que voa com mais vagar a flecha que se vê ser disparada" (Par. XVII, 25-27, H. D.). Nessa sequência apaixonada, Dante (autor) constrói para si uma linhagem condigna com suas aspirações intelectuais e sociopolíticas, alçando seu antepassado à condição de receber o tratamento magnânimo do "vós" respeitoso e transformando-o num sábio conselheiro que não só lhe aponta as provações que o aguardam, mas também lhe confere forças para "tudo falar com ousadia".

Funcionando como uma espécie de eco de Virgílio, Cacciaguida faz-lhe também uma exaltada preleção a respeito da poluição sofrida por Florença com o advento da imigração de populações periféricas que, com seu "sangue contaminado", acabaram pervertendo não só a moral e os costumes, mas também a pureza da língua florentina:

E quanto mais formoso ia-se pondo aos meus olhos, tanto mais doce e suave era a voz com que me dizia, sem se utilizar da moderna linguagem vulgar (Par. XVI, 31-33, H. D.).

A mistura de povos sempre resultou mal para as comunidades, assim como é causa de males para o corpo o alimento que se ingere sobre outro ainda não digerido (Par. XVI, 67-65, H. D.).

Numa postura de índole nitidamente protecionista, ou mesmo preconceituosa, Dante, primeiro, alça sua figura histórica a uma linhagem consanguínea "aristocrática" para, em seguida, defender sua pureza da sanha arrivista dos estrangeiros de classe baixa. Estabelece-se, assim, um claro contraste com as transfusões benfazejas que ele e Estácio receberam de Virgílio e que foram fundamentais para despertar suas *poiesis* criativas.

Encontramos, no Canto XX do Inferno (52-99), uma interessante alusão às origens de Mântua, terra natal de Virgílio, atribuindo sua fundação a Manto, filha de Tirésias – o profeta grego, famoso por vaticinar o destino de Édipo, é apresentado no poema de Dante pelo episódio descrito na *Metamorfose* de Ovídio. Naquela passagem, Tirésias cutuca com uma vara duas serpentes que copulavam, transformando-se, com isso, em mulher por um período de sete anos; retornando à condição original, é invocado como árbitro de uma disputa entre Juno e Júpiter a respeito de quem obteria mais prazer com o sexo, os homens ou as mulheres. Corroborando a visão do Deus que contemplava as mulheres, isso despertou a ira de Juno, que o puniu com a cegueira, sendo compensado por Júpiter com a obtenção do dom da profecia. Virgílio, ousadamente, incorporou esse dom e, nas suas Bucólicas, previu o nascimento de um menino destinado a governar o mundo e, nele, restaurar a Idade de Ouro, clara alusão ao Cristo que surgiria dezenove anos após sua morte.

Essa nuvem de adivinhações e metamorfoses ligadas às origens de Virgílio contrasta com as extensas alusões de Dante às suas malfadadas origens florentinas, marcadas por disputas vis e mesquinhas. Dessa maneira, as origens de Virgílio evocam o sagrado e o profético que chegam até ele por inspiração divina, enquanto o Dante autor atribui a si uma origem secular que o obriga a produzir, com o próprio esforço, tudo aquilo que deverá consagrá-lo, a começar, naturalmente, por uma obra de gênio, A Divina Comédia.

Mas Dante, cônscio, na esteira de Virgílio, de seu papel histórico de consolidador da língua e do espírito nacional italianos, também se abandona a um saudável estado de emulação com a obra de todos os artistas que lhe permitissem abraçar o caráter essencialmente colaborativo da *poiesis*, como descrito de modo primoroso por George Steiner. Segundo ele, a *Divina Comédia* é, de longe, o épico que investiga, com maior profundidade, as modulações da *poiesis* colaborativa: Shakespeare, por exemplo, em toda a sua obra, menciona um único artista contemporâneo, o pintor Giulio Romano, no final do *Conto de Inverno*.

A viagem de Dante está repleta de vozes artísticas com as quais ele estabelece uma polifonia, que é a base da procriação compartilhada: o poeta provençal Arnaut Daniel, o trovador Sordello, o músico florentino Casella e os pintores Giotto e Cimabue. O contraste com outras vozes "convidam ao desequilíbrio, ao abandono da compostura estéril, e acabam deflagrando o movimento da imaginação" (Steiner, 2003, p. 98).

A recorrência de Dante a Virgílio, para usar uma terminologia atual, foi sobredeterminada, tendo em vista a aura de profecia e magia que envolvia seu nome no início da Idade Média. Essa sobredeterminação "divina" fica expressa de forma comovente pela Figura 23, na qual Dalí ilustra como ambos os poetas, no Canto XXXI do Inferno, se irmanaram como pais da língua italiana, unidos pela portentosa Mão de Deus. Em suas raízes, a noção de *poiesis* reflete o interjogo entre o impulso masculino de penetrar e possuir e a condição feminina de acolher e doar. Isso, num certo sentido, já estava implícito na formulação de Platão, para quem o local do desejo seria o "apartamento das mulheres" e o local da cólera, o "apartamento dos homens". A questão procriativa, no entanto, espraia seus contrastes para outros níveis: o da perfeição técnica e do aprendizado, o da representação emblemática e da deferência, o do clássico e do moderno, o do pagão e do cristão.

O fato inegável é que Dante aprendeu com Virgílio a arte da expressão genuinamente poética do pensamento em que a narrativa aparece amalgamada com a energia mitopoética, como nos lembra Auerbach. Inspirando-se no Mestre,

> *ele desenvolveu uma estética que concilia o saber legítimo com a beleza legítima: sua arte verbal sublime propagara-se de forma abrangente, prestando-se tanto à meditação profunda quanto ao saber inculto ou infantil. Talvez o espírito solene e o temperamento revanchista de Dante não lhe permitiram alcançar a leveza e a limpidez de Virgílio, a quem ele supera, no entanto, não só pela concretude e visualidade de suas metáforas, mas também por sua altivez apaixonada: ambos comungam, no entanto, do mesmo vínculo genuíno com o real e de um senso natural de ordem que imprime às orações a marca do necessário, do imutável e do lapidar (Auerbach, 2007, p. 103-104).*

Antes de escrever a *Comédia*, Dante escrevera quatro "poesias pétreas" nas quais o "doce estilo novo" sofre uma metamorfose para cantar as agruras do "amor difícil", simbolizado pela fusão Mulher/Pedra. Nesse ciclo pétreo, segundo Augusto Vicinelli (Campos, 1998, p. 21), ele se vale de "Inusitadas ousadias formais, novos esquemas métricos, imagens vivíssimas e quase brutais, comparações audazes, versos martelados e escandidos, sons ásperos que se chocam de forma estridente, rimas ricocheteantes e aliterações sonoras".

Quando Dante é recebido por Beatriz para adentrar o Paraíso, as palavras dela evocam, significativamente, a experiência das rimas pétreas: "Mas por que eu te observo, empedernido, / feito de pedra no intelecto escuro, / tal que me ofusca a luz deste meu dito" (Purg. XXXIII, 73-75, Haroldo de Campos). Podemos acompanhar a idealização da mulher amada seguida pelas convenções do "amor cortês" a uma forma realista de insatisfação amorosa, expressa pela dissonância acústica e pela mais renhida condensação semântica (Campos, 1998, p. 21). Lembremos que empedernir vem do latim *impetrinire*, que significa petrificar, empedrar, desumanar, desumanizar, tornar-se insensível e frio como pedra.

Comparemos o "rancor pétreo" do coração de Dante, denunciado por Beatriz, com o enternecimento de Eneias (Virgílio, [n.d.], p. 107) pelo sofrimento da apaixonada Dido ao ser por ele abandonada:

Infortunada Dido! Era, então, verdade que já não vivias e que, de ferro na mão tomarás uma decisão extrema! Ai de mim! do teu traspasse fui a causa. Juro pelas constelações, pelos deuses do alto, e por tudo o que há de sagrado nestas profundezas da terra: foi contra minha vontade, ó rainha, que abandonei o teu porto. Não fiz obedecer aos deuses, cujas ordens imperiosas me forçam hoje a andar no meio destas sombras, no meio destes sítios cobertos de brenhas medonhas e desta noite profunda. E não pude crer que a minha partida te causasse uma tão grande dor... Pára; não te furtes aos nosso olhares. De quem foges? É a última vez que o destino me permite que tal fale.

É da tensão entre expressividades tão contrastantes que Dante extraiu a "energia mitopoética" referida por Auerbach. Com sua sensibilidade, Dante, na condição de autor da *Divina Comédia*, apropria-se da magia da ficção, esta "verdade com a face da mentira" (Inf. XVI, 124, T. A.), para descrever o relacionamento pungente entre o Mestre e seu pupilo, iniciado com inúmeras manifestações de gratidão e lealdade e desdobrado em inevitáveis episódios de superação e traição. Segundo Steiner (2003, p. 103), temos aí "uma das mais complexas e comoventes representações de um relacionamento técnico, filosófico e teológico na literatura". A partir do final dramático do IX Canto do Inferno, no qual um Anjo caído do Céu intercede para manter os demônios ornados, "inicia-se uma desconstrução suavemente exaustiva da autoridade de Virgílio" (p. 104).

Numa visão global, encontramos, no Paraíso, uma única tradução direta de Virgílio, em contraposição às sete traduções que aparecem no Inferno e às cinco constantes no Purgatório. As 140 menções e referências à obra de Virgílio ao longo do poema vão se escasseando à medida que o Peregrino se eleva. A renúncia gradual da companhia de Virgílio parece ser o eixo do Purgatório, em que, poder-se-ia dizer, processa-se a catarse aristotélica, a purgação por meio da resposta estética e, finalmente, a prevalência do domínio ético.

Um bom exemplo de como o pupilo superou o mestre nos é dado pela originalidade e pela riqueza conferidas por Dante ao destino das almas no Além, em comparação ao esquema virgiliano tradicional que, ao propor que as almas deviam retornar à terra para habitar nossos corpos, as reduz a sombras transitórias intangíveis e errantes. Dante, como vimos, é muito mais ousado em sua licença poética, propondo que as almas, ao se separarem do corpo pela morte, levam consigo suas faculdades vitais e sensíveis que, ao circundá-las etereamente, constituirão um corpo fantasmal, ou seja, um *status* de personagem que é significativo no drama da eternidade. Em resumo, para Virgílio, "o Além era o reino da confusão, desordem e da retribuição casual, mas, para Dante, era um local lindo e sutilmente simétrico, rico em significados simbólicos e numéricos" (Boorstin, 1992, p. 260).

Com esse inspirado artifício, Dante pavimentou o caminho para criar um palco transcendental que pudesse ecoar a "comédia" humana: de fato, na tragédia grega, o herói só escapava do sofrimento morrendo, asilando-se no mundo das sombras. A tragédia origina-se no modo épico – um homem e seu destino são revelados num momento crítico de decisão em que se tornam uma coisa só. Ora, Dante transcende a morte trágica na *Divina Comédia* identificando o destino supremo do homem com a unidade terrena de sua personalidade – é por isso que Auerbach o denomina "poeta do mundo terreno". Apesar de tudo, ele chamou sua obra de *Comédia* em função de ter sido escrita em vernáculo, num estilo "negligente e humilde", e de ter um início sombrio e um final feliz contrapondo-se, assim, à *Eneida*, que ele descrevia como uma *alta tragédia*. Como bem nos lembra Bloom (2010), o advento de Beatriz no Canto XX do Purgatório envolve o desaparecimento permanente de Virgílio, que se torna redundante não porque a teologia estivesse substituindo a poesia, mas porque a *Comédia* de Dante passa a substituir inteiramente a *Eneida* de Virgílio.

O poema de Dante parece ser uma fonte inesgotável de análises críticas. Steiner (2003), apoiando-se em Hegel, sugere que a dialética entre Mestre e Discípulo vivida por Virgílio e Dante demanda um reconhecimento pelo "outro", por uma consciência rival. O "outro" encarnaria, paradoxalmente, uma imagem especular que, ao mesmo tempo, é autônoma: sua ausência, como aquela da nossa sombra, priva a identidade de substância. Nesse sentido, o "parricídio carinhoso" perpetrado por Dante seria um ato iluminado pelo crepúsculo, e a *Divina Comédia*, um "romance de formação" por excelência: nela, estariam a tristeza inerente a toda paternidade, a sombra da traição projetada onde mais se concentra a luz da fidelidade.

Podia-se dizer que uma bela definição do processo de aprendizagem emergiu na saudação que Dante oferece a Brunetto Latino, propondo que Mestre e Discípulo se tornem "filhos de uma mesma esperança". Isso se aplica, igualmente, à relação entre Dante e Virgílio, já que há indícios de que ambos se inspiraram em fontes comuns, como as já mencionadas descidas de São Paulo e Eneias ao Inferno, ou o Apocalipse de São João, no qual um sábio da Antiguidade, no caso Pitágoras, é introduzido como guia no Além-túmulo. O motor intelectual da *Divina Comédia* está concentrado na pedagogia: o intelecto do Peregrino evolui de uma profunda desorganização ao umbral da compreensão humana, representado pela linguagem. Depois de ter escrito a *Vita Nuova*, em que ele tentou exorcizar a perda de Beatriz por meio de uma espécie de ascese espiritual, Dante mergulhou num estado transcendente no qual passou a sentir o que pensava e a pensar o que sentia.

Dante, ainda segundo Steiner (2003), antecipou com vigor a estética contemporânea que, em contraposição à plenitude da estética clássica, valoriza o apagamento e a negativização da substância a ponto de reduzi-la a uma sombra, como nas figuras esquálidas de Giacometti ou nas carcaças humanas de Beckett. Podíamos dizer também que ele antecipou a Psicanálise ao reconhecer a dor psíquica do sofrimento como fonte da criação estética, algo expresso por Kafka numa pungente carta a Milena: "Ninguém canta com mais pureza que os que estão nas profundezas mais sombrias do inferno; é deles, na verdade, o que acreditamos ser a canção dos anjos".

Referências

Agamben, G. (2010). Da utilidade e dos inconvenientes de viver entre espectros. *Serrote*, 6.

Alighieri, D. (1952). *Dante*. The Great Books of the Western World. Chicago, IL: Encyclopedia Britannica, Inc.

Alighieri, D. (1958). *A Divina Comédia*. Tradução de José Pedro Xavier Pinheiro. São Paulo, SP: Edigraf.

Alighieri, D. (1976). *A Divina Comédia*. Tradução e notas de Cristiano Martins. Belo Horizonte, MG: Itatiaia.

Alighieri, D. (1998). *A Divina Comédia*. Tradução e notas de Ítalo Eugênio Mauro. São Paulo, SP: Editora 34.

Alighieri, D. (2009). *A Divina Comédia*. Tradução e prefácio de Hernâni Donato. São Paulo, Sp: Nova Cultural.

Auerbach, E. (1987). *Mimesis*. São Paulo, SP: Perspectiva.

Auerbach, E. (1997a). *Dante: Poeta do mundo secular*. Rio de Janeiro, RJ: Topbooks.

Auerbach, E. (1997b). *Figura*. São Paulo, SP: Ática.

Auerbach, E. (2007). *Ensaios de Literatura Ocidental*. São Paulo, SP: Duas Cidades, Editora 34.

Blake, W. (2008) *William Blake's Divine Comedy Illustrations*. New York, NY: Dover Publications.

Bloom, H. (2010). *O cânone ocidental*. Rio de Janeiro, RJ: Objetiva.

Boccaccio, G. (2009). *Life of Dante*. Richmond, London: Oneworld Classics.

Boorstin, D. J. (1992). *The Creators: A history of heroes of imagination*. New York, NY: Vintage Books.

Borges, J. L. (1984). *Nove ensaios dantescos*. Lisboa, Portugal: Presença.

Botticelli, S. (1976). *The drawings by Sandro Botticelli for Dante's Divine Comedy*. New York, NY: Harper and Row.

Botticelli, S. (2012). *Divina Comédia: Desenhos de Sandro Botticelli*. São Paulo, SP: Ateliê Editorial.

Broch, H. (2014). *A morte de Virgílio*. Lisboa, Portugal: Relógio D'Água.

Bulfinch, T. (n.d.). *Bulfinch's mythology*. New York, NY: Carlton House.

Campos, H. (1998). *Pedra e luz na poesia de Dante*. Rio de Janeiro, RJ: Imago.

Cantinho, M. J. (2003). Hernann Broch: o poeta relutante. *Revista de Cultura*, 34. Recuperado em 20 abr. 2016, de www.jornaldepoesia.jor.br/ag34broch.htm

Casati, R. (2001). *A descoberta da Sombra*. São Paulo, SP: Companhia das Letras.

Chevalier, J., & Gheerbrant, A. (1982). *Dictionnaire des Symboles*. Paris, France: Editions Robert Laffont/Jupiter.

Curtius, E. R. (1979). *Literatura Europeia e Idade Média Latina*. Brasília, DF: Instituto Nacional do Livro.

Doré, G. (1976). *The Doré illustrations for Dante's Divine Comedy.* New York, NY: Dover Publications.

Franco Jr., H. (2003). *Dante Alighieri, o poeta do absoluto.* São Paulo, SP: Ateliê Editorial.

Freud, S. (1973/1900/1901). The Interpretation of Dreams. In *The standard edition of the complete psychological works of Sigmund Freud.* Vols. IV e V. London: The Hogarth Press.

Freud, S. (1973/1917). Mourning and melancholia. In *The standard edition of the complete psychological works of Sigmund Freud.* Vol. XIV. London: The Hogarth Press.

Freud, S. (1973/1919). The "Uncanny". In *The standard edition of the complete psychological works of Sigmund Freud.* Vol. XVII. London: The Hogarth Press.

Guedes, O. (2015). Dante em Dalí: Realidade Onírica. *InArte*, nov., 68-77.

Holloway, J. B. (1993). *Twice-told tales: Brunetto Latino and Dante Alighieri.* New York, NY: Peter Lang.

Humbert, J. (1932). *Histoire illustrée de la Literature Latine.* Paris, France: Didiei.

Lansing, R. (2000). *The Dante Encyclopedia.* New York, NY: Routledge.

Lewis, R. W. B. (2002). *Dante.* Rio de Janeiro, RJ: Objetiva.

Lombardi, A. (2004). Um corpo que cai. *Revista Entrelivros, Entreclássicos,* (1), 14-29.

Longino (1996). *Do Sublime.* São Paulo, SP: Martins Fontes.

Ludovici, S. S., Ravenna, N. & Alighieri, D.(1979). *Dante's Divine Comedy: 15th-century manuscript.* New York: Crescent Books.

Milton, J. (1830). *Paraíso perdido.* Tradução de José Amaro da Silva. Lisboa, Portugal: Typographia Rollandience.

Montaigne, M. (2015). *Os ensaios*. São Paulo, SP: Cia. das Letras.

Ovídio (1983). *As metamorfoses*. Rio de Janeiro, SP: Tecnoprint.

Platão (2006). *A República*. São Paulo, SP: Martins Fontes.

Reynolds, B. (2011). *Dante: O poeta, o pensador político e o homem*. Rio de Janeiro/ São Paulo, SP: Record.

Rosset, C. (2008). *O real e seu duplo: Ensaio sobre a ilusão*. Rio de Janeiro, RJ: José Olympio.

Squarotti, G. B. (1989). *Literatura Italiana*. São Paulo, SP: EDUSP, Nova Stella Editorial.

Steiner, G. (2003). *Gramáticas da Criação*. São Paulo, SP: Globo.

Steiner, G. (2005). *Lições dos mestres*. Rio de Janeiro, RJ: Record.

Stevenson, R. L. (1986/1886). *Strange case of Dr. Jekyll and Mr. Hyde*. Edinburgh, Scotland: Canongate.

Toynbee, P. (2005). *Dante Alighieri: His life and works*. New York, NY: Dover Publications.

Virgílio (1952). *The Poems of Virgilio*. Great Books op. cit. Chicago, IL: Encyclopedia Britannica, Inc.

Virgílio (n.d.). *A Eneida*. Porto, Portugal: Publicações Europa-América.

Winnicott, D. W. (1968). O uso de um objeto. In D. W. Winnicott, *O brincar e a realidade*. Rio de Janeiro, RJ: Imago.

Iconografia

Figura 1 – *Dalí: Dante + Virgílio andrógino (Guedes, 2015).*

Figura 2 – *Doré: Dante envolto por raízes (Doré, 1976).*

Figura 3 – *Doré: Dante e Virgílio + loba (Doré, 1976)*.

Figura 4 – Doré: *Caronte fustigando as almas com remo* (Doré, 1976).

Figura 5 – Doré: Dante e Virgílio observando o abraço de Paolo e Francesca (Doré, 1976).

Figura 6 – Doré: Avarentos e pródigos empurrando pedras (Doré, 1976).

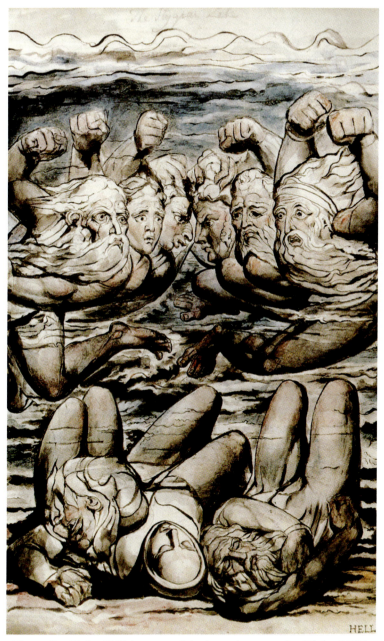

Figura 7 – *Blake: Coléricos + auréola de punhos cerrados (Blake, 2008).*

152 ICONOGRAFIA

Figura 8 – *Blake: três florentinos rodopiando numa roda de fogo* (Blake, 2008).

Figura 9 – *Doré: Dante e Virgílio nas costas de Gerião (Doré, 1976).*

154 ICONOGRAFIA

Figura 10 – *Doré: Dante e Virgílio observando os hipócritas encapuzados (Doré, 1976).*

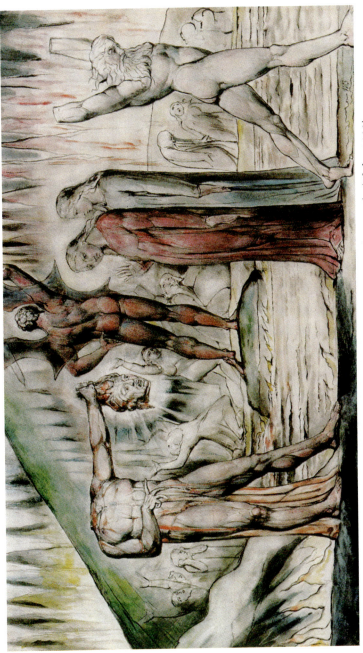

Figura 11 – *Blake: Dante e Virgílio diante de Bertram decapitado* (Blake, 2008).

Figura 12 – *Doré: Dante e Virgílio diante de Bertram decapitado (Doré, 1976).*

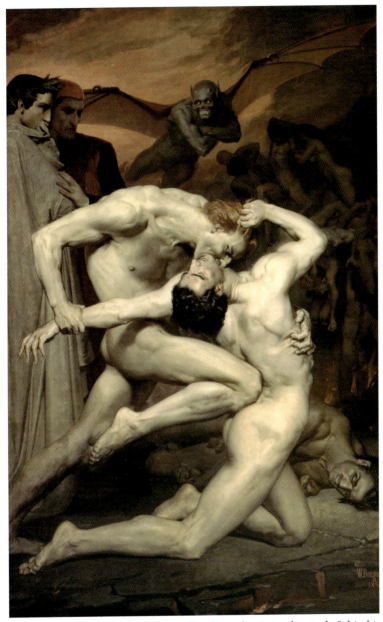

Figura 13 – *Bouguereau: Dante + Virgílio + demônio, diante de Schicchi e Capocchio se mordendo. Fonte: Wikimedia Commons.*

Figura 14 – *Doré: Ugolino e filhos no calabouço (Doré, 1976).*

Figura 15 – Doré: Lúcifer cercado pelo gelo da maldade (Doré, 1976).

Figura 16 – *Boticcelli: Lúcifer hirsuto, "ponte" para o Purgatório (Boticcelli, 2012).*

Figura 17 – *Dalí: Dante e Virgílio, projetando sombras diferentes (Guedes, 2015).*

Figura 18 – *Blake: Dante ajoelhado na porta do Purgatório, recebendo do anjo a inscrição P (de pecado) na fronte (Blake, 2008).*

Figura 19 – *Doré: Dante e Virgílio ao lado dos orgulhosos vergados sob pedras (Doré, 1976).*

Figura 20 – *Iluminura: Dante recebido por Beatriz no Paraíso (Ludovici, 1979).*

Figura 21 – *Dalí: Virgílio coroando Dante com a mitra (Guedes, 2015).*

Figura 22 – *Dalí: Dante retraído para fugir do reflexo de sua imagem (Guedes, 2015).*

Figura 23 – *Dalí: A mão de Deus unindo Dante e Virgílio (Guedes, 2015).*

GRÁFICA PAYM
Tel. [11] 4392-3344
paym@graficapaym.com.br